# 农户保险直通车

魏昭　安辉　编著

东北财经大学出版社
Dongbei University of Finance & Economics Press
大连

图书在版编目（CIP）数据

农户保险直通车 / 魏昭，安辉编著 . —大连 ：东北财经大学出版社，2012.9
（金色乡村）
ISBN 978-7-5654-1007-9

Ⅰ. 农… Ⅱ. ①魏… ②安… Ⅲ. 农业保险-基本知识-中国 Ⅳ. F842.66

中国版本图书馆 CIP 数据核字（2012）第 241330 号

东北财经大学出版社出版
（大连市黑石礁尖山街 217 号 邮政编码 116025）
教学支持：（0411）84710309
营 销 部：（0411）84710711
总 编 室：（0411）84710523
网 址：http://www.dufep.cn
读者信箱：dufep@dufe.edu.cn

大连美跃彩色印刷有限公司印刷 东北财经大学出版社发行

幅面尺寸：145mm×210mm 字数：215 千字 印张：8
2012 年 9 月第 1 版 2012 年 9 月第 1 次印刷

责任编辑：田玉海 责任校对：陆诗晴
封面设计：冀贵收 版式设计：钟福建

ISBN 978-7-5654-1007-9
定价：16.00 元

# 辽宁省农家书屋建设图书出版编委会

# 前 言

农业是一个“看天吃饭”的产业，时刻面临自然灾害的威胁。我国农业受灾比例每年大约在40%以上，农民往往无法独立承受这种风险。

农户收益和农业经济不能总是指望“老天爷”，这就需要创建一种转移风险、分摊损失的机制。保险正是起了“聚”和“散”的作用，现代农业保险的诞生也是顺应了这种需要。农业保险的发展，对保障农业再生产的顺利进行、推动农业的可持续发展、促进农户的丰产增收以及致富无疑具有重要的意义。

农业保险是财产保险的一种，主要以农作物、牲畜等为保险标的。根据保险合同约定，在农业生产者从事种植业、养殖业和捕捞业的生产过程中，由于遭受自然灾害或意外事故，而致农作物歉收、损毁或牲畜伤亡等损失时，可以从保险公司得到赔偿。可以说，农业保险是农民朋友们免除后顾之忧的“保护伞”。随着时代的发展以及农村现实生产生活的需要，逐渐产生了一些新的险种。另外，根据广大农村普遍存在因病致贫的情况，国家还推出了农村合作医疗保险，以解决这一严重影响农民生活的问题。

在内容上，本书首先介绍了保险的基础知识。其次，分别介绍了与农村基本生产生活最相关的保险，主要包括种植保险、养殖保险、林果保险。然后，介绍了近年在广大农村推广的新型农作合作医疗和新型农村社会养老保险，这两种保险与农户基本生活息息相关，社会保障性质突出。最后，介绍了几种不很常见但较有推广价值的保险——农机保险、农村劳动力人身保险、农村治安保险、小儿保险。此外，在全书最末还附录了保险法以及农业保险条例。以使广大农户熟悉相关法律，以法律武器保卫自身利益。需要特别指出的是，各种保险在各地会在个别条款上有所区别，农户在办理时要注意详细咨询。

本书最大特点是操作性强，针对农户的实际需求组织内容，在具体险种上，舍弃了艰深的理论阐释，突出了具体而微的知识，力求简练实用。

本书由魏昭博士和安辉共同编写，对初稿互相进行增删。作者分处理论界与实务界，互相启发与印证，希望能最大限度地从实际应用上对广大农户应对风险、解决实际问题有所帮助，为广大农户防灾减损保驾护航。

作者对丛书编委会表示感谢，感谢编委会对我们的信任，给了我们这样一个为广大农户作贡献的机会。当代中国，能够做一点实实在在有益于农户的事情，实在是令人欣慰！

编写过程中，我们向理论界、实务界、监管机构多方请教，感谢谢沛善博士、李朝锋博士、姜美华博士的指导意见；感谢赵映诚教授、王春霞博士和韩宗生、刘惠新介绍的案例。作者还参阅了大量书籍，在此表示感谢。囿于作者水平有限，以及时间仓促，书中错漏在所难免，敬请学者指正，尤其欢迎农民朋友批评，以便使我们进一步提高。

作者<br>2012 年 8 月

# 目 录

# 上篇 保险基础知识

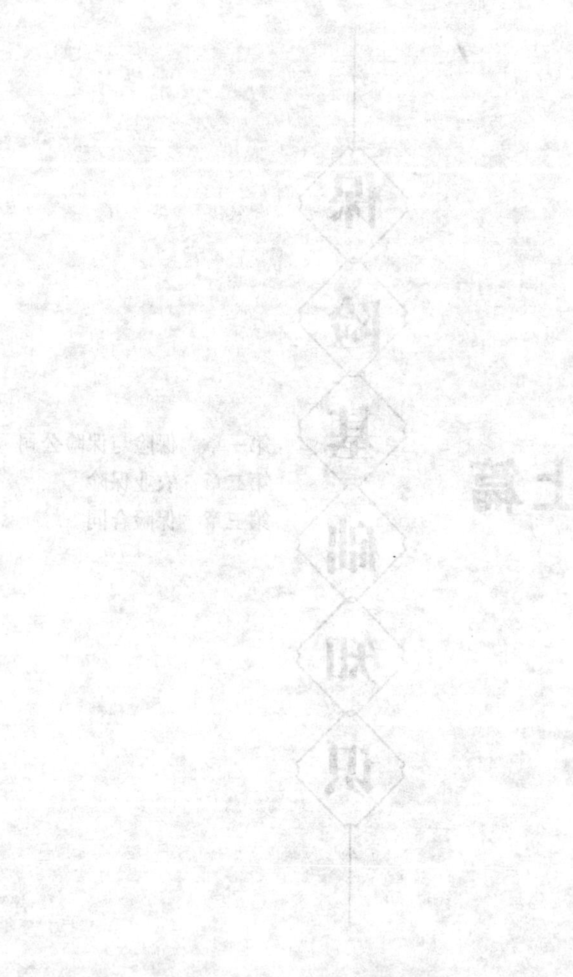

# 第一章　保险与保险公司

## 农家保险

### 6 亩庄稼被淹　农业保险“埋单”

某村村民老刘家有6亩责任田，紧邻村里的灌溉沟渠，6月初因灌溉需要从上游调水，由于水量偏大，导致老刘家的6亩小麦被淹，当时他及时向村委会上报了灾情。老刘说：“我们都办了农业保险，我觉得我家这情况肯定可以收到赔付款，就是不知道能收到多少。”经过市民电话室与临邑县政府联系得知，当年临邑县德平镇的小麦都办理了农业保险，农民参保的小麦保险保费为10元/亩，保费采取国家财政补贴和农户自交保费相结合的方式缴纳，由政府和农户共同承担。政府对农业保险补贴80%的保险费，农户只承担20%的保险费。这既减轻了农户的经济负担，又确保了农业增产丰收。保险责任为火灾、雹灾、风灾、冻灾、涝灾、旱灾和重大流行性病虫害。

村委会向镇政府报案，由县农业保险领导小组办公室和承保公司人保财险公司组织聘请核损理赔专家组到现场查看，确定了受损面积和损失率。在定损、理算工作完成后，将赔付资金通过“惠农一卡通”拨付给受灾农户。8月初，老刘通过“惠农一卡通”领取了180元/亩的赔付款。

资料来源　白天：《6亩庄稼被淹　农业保险“埋单”》，德州新闻网，2011-08-14。

## 一、保险

1. 风险

俗话说："天有不测风云，人有旦夕祸福。"在人们的日常生活中，自然灾害、意外事故经常发生，这些对我们日常生产、生活造成危害的事情，就是风险。风险作为一种客观现象无处不在、无时不有。人们需要识别风险并对风险进行管理，以降低其发生的概率和所造成损失的严重程度。

风险不以人们的意志为转移而客观存在，时时处处威胁着人们的生命和财产安全。一旦发生风险事故就会造成物毁人亡，影响正常的家庭生活和社会生产过程的持续进行，因而人们产生了对损失进行补偿的客观需要。

人们在日常生产与生活中面临着各种各样的风险，按照产生的原因，可以将风险划分为自然风险、社会风险、政治风险和信用风险。自然风险是指由于自然界的不规则运动对人们生活与生产带来的威胁，对农户的影响更大。地震、火灾、风灾、雹灾、海啸、瘟疫等都属于自然风险。自然界变化无常，即便科学发展到今天仍然不能准确预见，更不能控制。自然风险种类繁多。在所有风险中，自然风险占绝大部分，因此自然风险就成为保险公司承保最多的风险。根据2009年《中华人民共和国保险法》（以下简称《保险法》）制定的财产保险综合险条款，保险责任包括以下风险所致损失：火灾、雷击、爆炸、飞行物体及其他空中运行物体坠落、暴雨、洪水、台风、暴风、龙卷风、雪灾、雹灾、冰凌、泥石流、崖崩、突发性滑坡、地面下陷。

**小资料**

**2010年全球重大自然灾害**

1. 海地发生里氏7.3级地震

1月12日，加勒比岛国海地发生里氏7.3级强烈地震，致使约

30 万人丧生。地震使基础医疗设施损毁严重，霍乱疫情四处蔓延，造成至少 2 193 人死亡、近 10 万人感染。

2. 智利发生里氏 8.8 级强震

2 月 27 日，智利首都圣地亚哥西南 320 公里的马乌莱附近海域发生里氏 8.8 级地震并继发海啸，造成超过 500 人死亡、数千人失踪、81 444 所房屋被彻底损毁，受直接影响的灾民达 37.1 万人。

3. 冰岛南部冰川火山喷发

4 月 14 日，冰岛第五大冰川——埃亚菲亚德拉冰盖冰川下一座火山喷发。火山烟尘覆盖了挪威北部、波兰北部海岸、德国、法国、比利时、英国南部海岸以及俄罗斯西北部地区，导致欧洲空中交通瘫痪。欧洲旅游业蒙受的损失初步估计在 10 亿欧元左右。

4. 中国青海省玉树发生里氏 7.1 级地震

4 月 14 日，中国青海省玉树藏族自治州玉树县发生 7.1 级地震，造成 2 698 人遇难、270 人失踪、246 842 人受灾。

5. 巴基斯坦洪灾肆虐

自 7 月下旬以来，巴基斯坦洪灾肆虐，导致 2 000 多人死亡，160 万座房屋损毁，约 2 000 万人受灾，超过 1/4 的国土成为灾区。

6. 俄罗斯森林火灾

入夏以来，俄罗斯大部分地区出现历史上少有的高温干旱天气，7 月和 8 月发生多场森林火灾，过火面积大约 100 万公顷，导致至少 53 人死亡、1 900 栋房屋被毁、超过 3 500 人无家可归。

7. 印控克什米尔列城遭洪水和泥石流袭击

8 月 6 日，印控克什米尔列城因突遭暴雨袭击引发洪水和泥石流，许多建筑损毁。洪灾造成至少 166 人死亡，另有约 400 人失踪。

8. 中国甘肃省舟曲发生特大泥石流灾害

8 月 8 日，中国甘肃省舟曲县发生特大泥石流灾害，造成至少 1 501人遇难，264 人失踪，26 470 人受灾。

9. 印尼地震引发海啸

10 月 25 日，印尼西苏门答腊省明打威群岛附近海域发生里氏 7.2 级地震并引发海啸，造成至少 509 人死亡、21 人失踪、上万居民无家可归。

10. 印尼默拉皮火山喷发

10 月26 日，印尼默拉皮火山喷发，造成至少 304 人死亡、467 人重伤、33 万名附近居民离家避难。这是该火山 100 年来最严重的一次喷发。

资料来源　新华网，http://news.xinhuanet.com/world/2010-12/21/c_12904095.htm。

在选择采用何种处理方法处理某种风险时，可以参考如图 1—1 所示的处理方案：

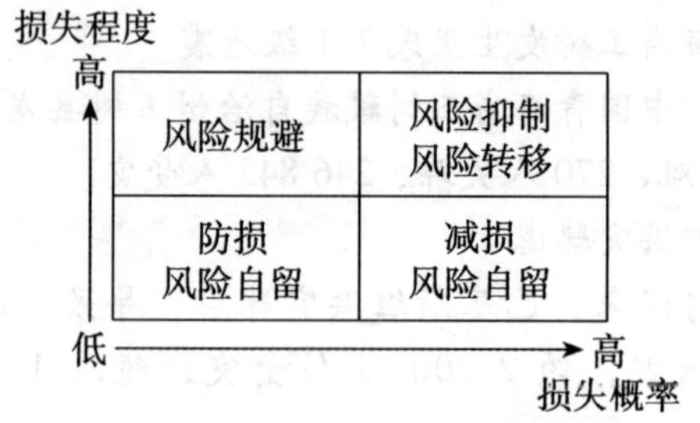


**图 1—1　风险处理方法选择**

当损失概率低且损失程度也低时，可采用损失预防或风险自留的对策；当损失程度高但损失概率低时可以选择风险规避的方案；当损失概率高但造成的损失程度低时可选择减损或风险自留的策略；当损失概率和损失程度都高时，就要选用风险抑制或风险转移的手段了。

2. 保险

保险正是基于人们对风险导致的经济损失进行经济补偿、提供经济保障的客观需要而产生的。保险是风险管理中传统、有效的风险财务转移手段，它是在集合大量风险单位的基础上，将少数被保险人遭受的损失后果转嫁到全体被保险人身上，保险人作为被保险人之间的中介，在保险合同规定的责任范围内负补偿或给付责任，一般就是日常所说的保险公司。通过保险，可以使企业、家庭和个人面临的种种风险及损失后果得以在全社会范围内分散和转移。保险是现代社会处理风险的一种非常重要的手段，是风险转移中一种最重要、最有效的技术手段。

保险的重要意义在于：

(1) 保险有助于社会经济发展

通过保险，风险被转移，经济损失获得补偿，被保险人能尽快恢复生产和生活秩序，保障了社会再生产的顺利进行，从而有利于经济发展和社会稳定。

(2) 保险有助于社会经济运行，减少矛盾

保险能够协调社会矛盾，减少社会摩擦。保险通过提供诸如各种责任保险、信用保险和保证保险等，一旦被保险人需要承担赔偿责任时，通过保险就可能得到尽快解决，这就会减少投诉和打官司等，从而降低了社会运行成本。

(3) 保险有助于保护处于困难和弱势的群体

保险能够对损失进行补偿，可以使生产生活中的弱者获得保护，能使因意外原因在生产生活中遭遇困难的企业和个人获得喘息和调整的机会，从而获得重新开始生产、生活的机会。

**小资料**

### 有关保险起源的传说

5 000 多年前的一天正午，一支横越埃及沙漠的骆驼商队正艰难地在沙丘间跋涉。酷热的太阳烘烤着毫无遮掩的沙漠，仿佛要把一切生命烤干，一个粗糙的水壶在商人间传递。突然，天空一下子变暗，乌云像横泻的浊浪在天空中翻滚，一场大风暴要降临了。商人们顾不得骆驼了，拼命地往沙丘高处爬去。风暴过后，原来他们丢弃骆驼和

货物的地方已经堆起了几座新沙丘，30 只骆驼只有 8 只跑得快的幸免于难，其余的都无影无踪了。

要是在以前，损失货物、骆驼的商人就要面临破产了。但这次的情况有些不同，因为商队在出发前，精明的商队领队就将商人们召集到一块，通过了一个共同承担风险的互助共济办法。这个办法规定，如果旅途中有商人的货物或骆驼遇到不测而损失或死亡，由未受损的商人从其获利中拿出一部分来分摊救济受难者；如果大家都平安，则从每个人的获利中提取一部分留存，作为下次运输补偿损失的资金。由于有了这个约定，这次损失事故没有在商队中造成太大的波动，因为全商队还有 8 只骆驼和它们所载的货物，贸易所得的利润分摊下去，至少可以使商人们购买新的骆驼，以求东山再起。这种互助共济的办法，经过不断完善后，被收入到汉谟拉比法典中。

无独有偶，3 000 多年前，在我国的长江上也有商人运用了这种互助共济的办法。在长江上游地区，山高路险，交通不便，因此，长江就成了主要的交通要道。大批的货物源源不断地从四川、云南、贵州等地运往下游。由于当时造船技术有限，加上长江水急浪高，经常发生船只倾覆、货物损失的事故，商人们都在思考着用什么办法来避免这种损失。有一个名叫刘牧的年轻的四川商人，提出了一个办法，要改变过去那种把货物集中装载在一条船上的做法，而把货物分装在不同的船上。开始时很多商人都反对这种做法，因为如果采取这种做法，就要与别的商人打交道，还增加了货物装卸工作量。但经过努力地说服，刘牧成功了。采取这种办法后的第一次航行，果然发生了事故，船队中有一艘船沉没了。但由于采取了分装法，使损失分摊到每个商人头上后，损失就变得很小了，大家都避过了灭顶之灾。这种分散风险的方法在长江运输货物的商人们中被广泛地接受，进而发展成了“船帮组织”。

资料来源　魏丽、李朝锋：《保险学》，大连，东北财经大学出版社，2011。

3. 保险基本原则

在规范和维护保险当事人之间关系时，保险合同坚持和贯彻四条重要原则：保险利益原则、最大诚信原则、损失补偿原则和近因原则。

（1）保险利益原则

保险利益是指投保人对保险标的具有的法律上承认的利益，保险利益原是保险的基本原则。它的本质内容是投保人以不具有保险利益的标的投保，保险人可单方面宣布合同无效。保险标的发生保险责任事故，投保方不得因保险而获得不属于保险利益限度内的额外利益。

（2）原则

最大诚信原则要求当事人要向对方充分而准确地告知有关保险的所有重要事实，不允许存在任何的虚伪、欺骗和隐瞒行为。其中，重要事实一般是指对保险人决定是否承保或以何条件承保起影响作用的事实，它影响保险人决定是否接受投保人的投保和确定收取保险费的数额。最大诚信原则可表述为：保险合同当事人订立保险合同及在合同的有效期内，应依法向对方提供影响对方做出是否缔约决定的全部实质性重要事实；同时绝对信守合同订立的约定与承诺。否则，受到损害的一方，可以以此为理由宣布合同无效或不履行合同的约定义务或责任，还可以对因此而受到的损害要求对方予以赔偿。

（3）最大诚信原则

最大诚信原则的具体内容主要包括告知、保证、弃权与禁止反言。投保人和保险人都有如实告知的义务。关于投保人告知的形式，我国与大多数国家一样采取询问告知的形式。保证是指保险人要求投保人或被保险人对某一事项的作为或不作为，某种事态的存在或不存在做出许诺。弃权是指保险合同的一方当事人以明示或暗示的形式表示放弃其在保险合同中可以主张的权利。禁止反言又称为禁止抗辩，是指合同的一方既然已经放弃其在保险合同中可以主张的某项权利，以后便不得再向他方主张该项权利。

(4) 损失补偿原则

损失补偿原则是指当保险标的发生保险责任范围内的损失时，被保险人有权按照合同的约定，获得保险赔偿，用于弥补被保险人的损失，但被保险人不能因损失而获得额外的利益。该原则有两重含义：第一，损失补偿以保险责任范围内的损失发生为前提；第二，损失补偿以被保险人的实际损失为限，而不能使其获得额外的利益。在具体的实务操作中，保险赔偿的最高额是保险金额、保险价值和实际损失三者的最小额。损失补偿原则的派生原则有重复保险的损失分摊原则和代位原则。代位原则是指保险人依照法律或保险合同约定，对被保险人所遭受的损失进行赔偿后，依法取得对保险标的的损失负有责任的第三者进行追偿的权利或取得被保险人对保险标的的所有权。代位原则包括两个部分：代位追偿和物上代位。

(5) 近因原则

近因是指引起保险标的损失的直接的、最有效的、起决定作用的因素。近因原则的基本含义是：若引起保险事故发生，造成保险标的损失的近因属于保险责任，则保险人承担损失赔偿责任；如近因属于除外责任，则保险人不负赔偿责任。

4. 保险与类似行为的比较

现实中，无论城市还是乡村，对保险均存在一定错误认识，为了进一步认识与理解保险，我们将其与相关或相近的其他经济行为进行比较。

(1) 保险与赌博

众所周知，赌博是基于偶然事件的发生而获得收益的行为，这与保险因偶然事件的发生而获得补偿或金钱给付有一定的相似之处。但是，从本质上看，二者是存在明显区别的。主要表现在以下几方面：

第一，保险行为所涉及的风险是客观存在的，与保险行为本身没有直接关系。例如，不管投保人是否为自己的蔬菜大棚投保，该蔬菜大棚都有被大雪压垮、被大风掀开的可能，无论投保与否，风险都是客观存在的，这一风险是纯粹风险。但是，赌博的风险则是赌博行为本身引起的，如果不进行赌博行为，就不会发生损失，也就不会有风险。

第二，保险没有增加风险的总量，它只是利用经济学等科学原理将可能发生的风险损失，由参加保险的一方转移到保险人，其结果是对社会有益的。而赌博则由于其投机性特点，客观上可能制造和增加新的风险，而且这种风险损失无法转移，对整个社会来说不产生利益。

第三，从保险的发展历史可以明确看出，保险的目的是基于人类互助合作的精神，以转移风险为动机，谋求经济生活的安定，并不以产生额外获利而存在。而赌博则是基于人们的投机和贪婪心理，以冒险获利为动机，侥幸图利，具有额外获利的可能，它是风险产生的根源，也是家庭、社会生活动荡的原因。

第四，保险和赌博与随机事件的关系不同。保险要求投保人对保险对象必须有可保利益，投保人不能对与之毫不相关的标的物投保。而对赌博行为而言，并不要求赌博参与人与赌博对象或内容有利益关系。因此，赌博涉及的事件五花八门，可以是体育比赛，也可以是政治选举，赌博参与人并不一定是这些事件的当事人。

（2）保险与储蓄

保险与储蓄都是通过对资金的运用，为将来的事件做经济上的准备，以满足未来金钱上的需要。保险，尤其是人寿保险，带有很强的储蓄色彩。虽然如此，保险与储蓄仍有许多不同之处：

第一，两者体现的经济关系不一样。保险是一种互助性的、共同的经济行为，体现了人人为我、我为人人的精神。从技术的手段看，保险需要特殊的精算技术。储蓄是一种个人经济行为，无须求助他人，取决于自身的经济水平和意愿。从技术的角度看，储蓄不需要复杂的计算技术。

第二，保险在不退保的情况下，个人一旦支出了相应的资金（即交纳保费），便失去了对这部分资金的所有权，保费所形成的资金总和要由保险人根据保险条件来决定使用途径与方法，投保人一般无权干涉。但是，对储户而言，储户存入银行的资产仍然属于个人，归储户个人所有，并可按照储户意愿自由支取，银行不能对储户存款的使用进行干涉。

第三，从整体角度看，传统意义上所有投保人的支付与保险公司的反支付具有对等的关系。但是，对于个人而言，则不具备这种关系。很明显，如果未发生保险事故，保险费不返还；如果发生保险事故，投保人获得远远高于保险费的补偿。与保险相反，储蓄行为的支付与反支付对等关系体现在个人身上，储户将一笔钱存入银行，将来取出的是本金和银行使用这笔钱的费用（利息）。

（3）保险与救济

保险与救济都是对灾害事故进行补偿的行为，都可以减轻灾害事故给人们造成的损失，但两者是存在区别的：

第一，从法律的角度讲，保险是一种合同行为，双方都要受合同的约束；而救济是一种施舍行为，任何一方都不受约束。

第二，保险是双务行为，互相对对方承担义务，投保人和保险人之间存在对价交易，双方存在相互支付的情况；而救济是单务行为，被救济者与救济者之间不存在对价交易。

第三，保险金的给付有一定的计算方法，且与投保人支付的对价有一定的联系；而救济金的给付与否及金额多少，则完全出于救济人的心愿，无一定的对价作基础。救济行为虽不是合同行为，但实际中要分开来看。对于民间的救济行为，救济方和接受救济方都不受任何法律的约束，对于救济人而言，其行为完全自由，是否救济、救济多少都由自己决定。对于政府救济，虽然不是合同行为，但却受到法律的约束，是以法律的形式确定下来的政府职责之一，政府不能任意决定是否救济、救济多少，一定要按照法律规定的框架进行救济。

（4）保险与自保

所谓自保，就是自己在日常生活中进行一些储备，以应对突然发生的意外。这在居民日常生活中是十分普遍的。

保险与自保对于风险事故所造成的损失都是以科学方法为基础形成资金准备而作以应对处理的。两者的不同点在于：第一，保险是众多经济单位的共同行为，而自保是个别经济单位的单独行为。前者通过风险转移来实现，而后者属于风险自留的一种特殊形式。第二，保险费的缴付，意味着这笔资金的所有权完全转移给保险人，如无保险事故发生，投保人不得收回；而自保不同，如果风险事故不发生或损失较少，则剩余的准备资金仍属于自己。

## 二、保险公司

日常生活中，我们经常会接触到各种保险公司，而与农户保险相关的，目前主要有中国人民财产保险股份有限公司、中华联合财产保险股份有限公司、安华农业保险股份有限公司。下面就来对这几家保险公司进行介绍。

1. 中国人民财产保险股份有限公司

中国人民财产保险股份有限公司（PICC P&C），简称“中国人保财险”，是中国人民保险集团股份有限公司（PICC）旗下标志性主业公司。它经营商业性保险、国家政策性保险及财产保险。中国人保财险拥有遍布全国城乡的机构网络，包括1万多个机构网点，320多个地（市）级承保、理赔/客服和财务中心。

中国人保财险是经国务院同意、中国保监会批准，于2003年7月由中国人民保险集团公司发起设立的、目前中国内地最大的非寿险公司，注册资本122亿元，其前身为中国人民保险公司。

中国人保财险凭借综合实力，相继成为北京2008年奥运会、上海2010年世博会保险合作伙伴，为北京奥运会和上海世博会提供全面的保险保障服务。

中国人保财险提供的保险涵盖机动车辆险、财产险、船舶货运险、责任信用险、意外健康险、能源及航空航天险、农村保险等非寿险各个业务领域。

公司服务专线电话为95518，随时随地为客户提供报案、咨询。2007年8月，首席承保我国最大核电站建设项目辽宁红沿河工程，保额超过40亿美元。

2. 中华联合财产保险股份有限公司

中华联合财产保险股份有限公司，简称中华财保公司，是经中国保监会批准，于2006年12月由中华联合保险控股股份有限公司发起设立的全国性财产保险公司。其前身是由国家财政部和农业部专项拨款、新疆生产建设兵团组建成立的新疆兵团保险公司，成立于1986年7月15日，是我国第二家具有独立法人资格的国有独资保险公司。2002年9月20日，经国务院同意，新疆兵团保险公司更名为中华联合财产保险公司，成为全国唯一一家以“中华”冠名的保险公司。2004年9月，经中国保监会批准，公司实行“一改三”的整体改制方案，成立“中华联合保险控股股份有限公司”，下设“中华联合财产保险股份有限公司”和“中华联合人寿保险股份有限公司”两家独立法人子公司。2010年12月，为了适应新的发展形势，公司总部从乌鲁木齐迁至北京。2012年3月，经中国保监会核准同意，公司注册资本金增加至75亿元人民币。

公司自2002年走出新疆、走向全国以来，实现了跨越式的发展。截至2011年底，公司已在全国设立了23家省级分公司、1 900多家各级经营机构，共有员工27 000多名，形成了比较完整的营销服务网络，建立了一支高素质的保险经营与营销专业队伍。2011年，公司实现保费收入209亿元，位居国内产险市场第四位，实现净利润22.8亿元，各项主要经营指标名列行业前茅。

公司的业务经营范围涵盖非寿险业务的各个领域，包括机动车辆保险、企业财产保险、家庭财产保险、工程保险、船舶保险、货物运输保险、责任保险、信用保证保险、农业保险以及短期健康保险和意外伤害保险等。近年又适时开发推出了电话营销专用车险、商务旅行意外伤害险、物流责任险、资产监管责任险、食品安全责任险等符合市场需求的新险种，还开发了一系列适合农村市场的涉农险种，目前经营的险种已达200多个。

公司服务专线电话为95585，提供理赔报案365天24小时无间断、人工服务。

3. 安华农业保险股份有限公司

安华农业保险股份有限公司是专门性的农业保险公司，它是在国家重视“三农”发展、提出健全农业风险保障体系、探索建立政策性农业保险制度的大背景下，由中国保监会批准成立的商业化运作、综合性经营，并为政府代办政策性业务的全国性农业保险公司，总部设在吉林省长春市。

公司以根植农村、安身农业、贴近农民、服务“三农”为宗旨，以创新为动力，以服务创品牌，积极探索农业保险经营发展的新思路、新模式，稳步开拓综合性保障的“三农”保险发展之路。

在公司的发展定位上，一是服务农业产业化建设，覆盖龙头企业产业链条的各个环节，以产业链延伸带动广大农户，推进农业保险深入发展。二是开发适合我国农村市场的“一揽子”保险产品，为农民提供种养两业保险、财产保险、健康险和责任保险全方位综合保险服务。三是通过多渠道、多形式，为政府代办政策性农业保险业务。

安华农业保险股份有限公司一直以“安农安天下”为己任，秉承稳健发展、服务第一的原则，成立以来，按照稳健发展、效益第一的原则，为城乡人民提供优质、高效、快捷的专业化保险服务，为繁荣农村经济、发展农业生产、稳定农民收入提供了有效保障，产生了良好的经济效益和社会效益。公司经营规模不断扩大，财务稳健、效益增强，目前已成为我国农业保险市场的主力军。公司在大力开办农业保险的同时，还开展财产保险、责任保险、货物运输保险、保证保险、意外伤害保险以及机动车辆保险等各类商业性财产保险业务，而且业务发展较快，销售规模不断扩大。

2007年，公司得到国家和地方政府的大力支持，参与中央财政支持的政策性农业保险试点，业务规模得到大幅提升，全年保费收入超过14亿元，达到上一年度的5倍以上，在全国40多家财产保险公司中位列第14位。2008年实现保费收入17.25亿元。目前，公司在吉林、内蒙古、山东、北京、辽宁和青岛设有6家省级分公司，各级分支机构达到100多个，保险业务得到长足发展。

随着国家和地方各级政府支持农业保险政策的逐步落实，安华农业保险公司通过自我完善和不懈努力将不断发展壮大，秉承保险业"忠诚服务、笃守信誉、回报社会"的服务宗旨，积极探索"符合市场需求、具有自身特色"的发展新路，致力于建设具有自身特点的经营管理体系和企业文化，建设敢于拼博、锐意进取、业务精湛、管理严格的员工队伍。走出一条安身农业的发展道路，为服务"三农"、构建社会主义和谐社会贡献力量。

安华保险公司开办的保险主要有：

（1）农村保险类

农村"一揽子"保险包括农村家庭财产、家庭成员人身意外伤害保险、家庭成员个人责任险、订单农户签有订购合同的种植业和养殖业保险、农机户的农机损失和作业人员的意外伤害保险等。共有"全家福"农村家庭综合保险、"小康之家"订单农户综合保险和"出入平安"农用拖拉机及农机具作业风险保险三个"一揽子"保险。

（2）农业保险类

种植业保险主要是各类农作物、经济作物和设施园艺作物在生长和生产过程中遭受自然灾害和意外事故等巨灾保险。

养殖业保险主要针对大规模的家畜、家禽在养殖过程中遭受特定的自然灾害或意外事故时承担赔偿责任保险。

农村其他保险包括农村财产保险、农村责任保险、农村运输工具保险、农村工程保险、农民进城务工平安保险、农村健康保险等。

（3）涉农保险类

农业产业化龙头企业财产保险包括粮食、木业、药业、肉食、乳业加工企业财产保险等。农业产业化辐射订单农户系列保险包括订单农业、农业贷款合同、涉农责任及涉农运输保险等。

此外，安华公司也经营城市类保险。

# 第二章　农业保险

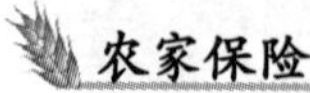

## 农家保险

### 辽宁农民第一时间拿到农业保险赔款

自辽宁发生旱情以来，省财政部门积极落实财政保费补贴资金，促进农业保险理赔工作提速。目前，理赔资金也已陆续发放到了受灾农民手中。截至2011年9月25日，已有鞍山、抚顺、丹东、阜新、铁岭、朝阳、盘锦等市的26万户投保农民获得保险赔款达2亿元。

为第一时间赔付投保灾民，辽宁省财政部门“多管齐下”，促使农业保险理赔工作规范、从速推进。省财政厅与经办保险公司协商，简化了理赔手续，加快理赔工作进度，保证按照规定时限完成理赔工作。同时，辽宁各级财政部门在工作中建立了受灾理赔情况日报告制度和沟通协调机制，以便实时全面掌握各地受灾、报灾、核灾、理赔等情况。为确保理赔到户，财政厅会同相关部门采取实地督察、委托中介机构审计等方式开展检查、监督。朝阳市龙城区召都巴镇杠头沟村的农民说，他们在旱灾发生10余日后就拿到了保险赔款。全村259户投保农民共取得旱灾赔款20.79万元，户均803元。

辽宁省财政厅还及时下拨中央和省财政补贴资金2.44亿元，保证了经办保险公司能够及时向受灾农民发放赔付款，帮助农民尽快恢复生产和安排生活。本溪、阜新、辽阳、朝阳等受灾地区的各级财政部门也积极行动，足额落实了保费补贴资金，并将资金全额拨付至经办保险公司，促进了农业保险理赔工作的迅速开展。

资料来源　罗晶：《辽宁农民第一时间拿到农业保险赔款》，辽宁金农网，2011-08-04。

## 一、农业保险概况

农户收益和农业经济不能老指望“老天爷”，这就需要创建一种转移风险、分摊损失的机制。农业保险对保障农业再生产的顺利进行，推动农业的可持续发展，促进农户的丰产增收无疑具有重要的意义。

农业保险是财产保险的一种，以农作物、牲畜等为保险标的。根据保险合同约定，在农业生产者从事种植业、养殖业和捕捞业的生产过程中，由于遭受自然灾害或意外事故，而致农作物歉收、损毁或牲畜伤亡等损失时，可以从保险公司得到赔偿。可以说，农业保险是农民朋友们免除后顾之忧的“保护伞”。

据全国农业保险工作会议披露，农业保险补偿已成为农民灾后恢复生产和灾区重建的重要资金来源，2006—2011 年，农业保险共计向 7 000 多万农户支付保险赔款超过 400 亿元，户均赔款近 600 元，占农村人均年收入的 10% 左右。

数据显示，2011 年农业保险为 1. 69 亿户次农户提供风险保障，承保主要粮油棉作物 7. 87 亿亩，占全国播种面积的 33%，在内蒙古、新疆、江苏、吉林等粮食主产区，基本粮油棉作物的承保覆盖率超过 50%，黑龙江农垦、安徽省等地已基本实现了全覆盖。2011 年，我国农业保险保费收入达到 173. 8 亿元，同比增长 28. 1%，为农业提供风险保障 6 523 亿元。

我国在开展农业保险过程中采取了“低保额、低保费、低保障”的“三低”政策。

农业要想获得高速发展离不开农业保险的保驾护航。具体来说，农业保险的意义体现在以下几个方面：

（1）有利于农业生产，减少灾害损失

俗话说："天有不测风云，人有旦夕祸福。"灾害事故是不可避免的，但在什么时间、什么地点发生，波及的面有多大、财产受损的程度如何，都取决于偶然因素。农业本身抵御灾害的能力较低，一旦造成损失，农户自救能力有限。保险可以及时给受灾农户赔偿，为农户提供经济保障，从而使农户在恢复生产、重新购置生产资料时有资金保障。

（2）促进防灾防损

农业保险在防止风险的发生、减少财产损失上，比灾后的补救对生产更能发挥作用。保险公司从企业管理和自身利益出发，必然会积极进行防灾防损工作。农业保险在保险条款、费率、赔款处理等方面，处处贯彻防灾精神，提高农户责任心和积极性，这样就从全社会角度促进了农业生产。

（3）安定农民的生活，稳定生产的积极性

保险在安定农民生活方面发挥着重大作用。农户不像城市居民有比较健全的社会保障，主要依靠土地的收入作为生活的来源。如果一场灾害袭来，致使土地绝收或歉收、家畜死亡，那么农户的生活就会面临困难。加入农业保险，以解决这些问题。一旦遭受灾害，可以得到及时的补偿，以重建家园、恢复生产。

**专家观点**

### 农业保险创新必须以农为本

所谓"大农险"，即将包括农业保险在内的农村、农业、农民等与之相关的保险业务纳入到综合性农业保险公司的经营范围，在开办传统的种植业、养殖业等政策性农业保险业务的同时，开展一切涉农的财产险、责任险及人身意外伤害险等商业性保险业务，在农业保险内部实行"以农（村险）补农（业险）"，使政策性保险机构附加商业保险业务，用商业保险业务盈利弥补政策性亏损，从而实现政策和市场两种手段的结合、两种优势的互补。

专家表示，建立综合性农业保险机构具有如下意义：一是既考虑到了保险行业的特点，也照顾了农业的特性，能够较好地形成多层保险与风险分担、政府与市场共同参与的农业保险和风险防范机制，发展潜力巨大，拓展空间十分广阔。二是将农业保险业务置于政府的直接领导和监督之下，运行规范，任务明确，责任清晰，容易控制和把握。可以降低查勘定损、监督检查等人力成本，降低道德风险等。

不过，业内人士指出，建立综合性农业保险机构，也存在着初始注册资本金数额大、需要上报批准和制度上的障碍等难点。专家认为，建立综合性农业保险机构，在国内外少有先例，在稳步推进的同时，可以打破常规，进行积极的探索与尝试，如把种、养两业险与农业贷款结合起来，农民只有投保才能得到贷款的优惠；利用政府的保险采购，使公务车辆、办公用房等由财政支付的保险项目，在与其他商业性保险公司同等收费水平下，统一由综合性农业保险机构经营，以便获得更多的财政支持。

记者认为，无论“大农险”模式成败，这种探索都是有益的。自我国开始农业保险业务至今，20 余年来，除了个别年份农险业务实现微利，其余的年份几乎都是亏损。连续 10 多年的逐年萎缩，基本上可以说明我国农业保险无法满足农业生产发展的需求。在上个月举行的“中国农业发展大会——2005 中国农业与农村经济形势报告会”上，中国保监会副主席周延礼透露，经过几年的调整，我国农业保险开始摆脱业务萎缩的局面，农业保险市场已初步形成了由财产保险公司、专业性保险公司和相互制保险公司以及外资公司等多种市场主体共同经营的局面。这是一个令人欣喜的消息。

不过，我们并不能因此而欢欣鼓舞。毕竟，制约我国农业保险发展的主要障碍尚未消除。当前制约中国农业保险发展的因素，除了缺乏巨灾支持保护体系、缺乏有力的财税优惠政策、缺乏健全的法制保障等三个主要问题以外，农业保险从产品开发到经营模式的定位不明、缺乏创新也是严重阻碍农险正常发展的重要因素。

中国保监会有关负责人指出，目前销往农村市场的保险产品基本上是从城市到农村的简单位移。从险种设计、保障程度、保险期限、保险费率到责任范围等，与城市基本相同，缺乏因地制宜的灵活性，限制了保险业务向纵深发展，成为保险业服务“三农”的主要障碍。这种障碍主要体现在四个方面：一是产品少，二是价格高，三是条款设计不合理，四是交费方式不灵活。

由此可见，我国的农业保险事业要走出困境，必须在农业保险产品的开发与经营模式的设计上有所创新才行。在目前农业保险日益受到社会关注的大背景下，为何迟迟解决不了上述农险价格过高、交费方式不灵活等问题呢？对此，有关专家指出，农险产品以及农险经营模式没有立足农民自身实际进行设计乃是一个非常重要的原因。比如，目前，人身险基本上没有专为农村市场设计的保险产品。农民的收入水平、风险状况、风俗文化等都与城市不同，在对保险产品的需求上显示出了与城市市场明显不同的特点。保险公司对此并未予以充分注意。并且，在保险合同的条款设计上也存在一些不合理之处。比如，农民常患的疾病或者易发生的风险基本上不在风险合同中，细节上没有考虑农民的实际需求，条款专业术语太多，农民无法理解等等。

发展农业保险，必须以农民为本位，大力提倡创新。对于政府而言，创新在于利用农业保险的“外壳”，充分注入支持和保护农业的实质性“内容”。按照专家的话说，商业公司能做的业务，政府就应当放手让其去做。商业公司不愿意做的业务，政府应当分清哪种情况，区别对待。对于保险公司而言，创新在于增加投入、进一步加大对农村市场的开发力度。尤其是立足农民，以农民为本位进行创新是农业保险开发成功与否的关键所在。当然，这只有在对农民参与保险的行为从理论和实践上进行深入分析，并做出正确判断的基础上才能进行。

资料来源　吴红军：《农业保险创新必须以农为本》，中金在线，2006-01-05，此处有删节。

## 二、农业保险的主要险种

农业保险，按农业种类分为种植业保险、养殖业保险；按危险性质分为自然灾害损失保险、病虫害损失保险、疾病死亡保险、意外事故损失保险；按保险责任范围，分为基本责任险、综合责任险和一切险；按赔付方式分为种植业损失险和收获险。

我国开办的农业保险种类主要有：①种植业保险，具体有水稻保险、蔬菜保险、林木保险、水果收获保险、西瓜收获保险、小麦保险、油菜保险、棉花保险、烤烟保险等。②养殖业保险，具体有生猪保险、养鸡保险、养鸭保险、牲畜保险、奶牛保险、耕牛保险、山羊保险、淡水养殖保险、养鹿保险、蚌珍珠保险等。此外，现在国家在全国农村推行办合作医疗保险，以防止农户因病致贫，影响农户基本生活。

1. 按农业生产的对象分类

(1) 种植业保险

种植业保险，是以我们种植的各种作物，包括果树、林木、储藏农产品作为保险对象的一种保险。

按保险标的划分，种植业保险又分为五大类：

第一，粮食作物保险，包括稻谷保险、小麦保险、玉米保险、大豆作物保险、其他粮食作物保险等。

第二，经济作物保险，包括棉花保险、油料作物保险、糖类作物保险、烟草保险、水果和果树保险等。

第三，其他作物保险，包括蔬菜作物保险、饲料作物保险、塑料大棚蔬菜种植保险等。

第四，农作物火灾保险。

第五，林木保险。

种植业保险承保植物性生产的保险标的，用来承担植物性生产中可能出现的风险所带来的经济损失。

农户参加了种植业保险，在灾害发生后，不能被动地等保险公司赔偿，而要积极施救减少损失，同时应保护好现场，及时向投保组织单位或直接向保险公司报案，积极协助保险公司进行现场查勘。否则，就有可能影响到赔偿额。

对于绝收的地块，该补种的补种，该补栽的补栽；在没有绝收的情况下，要接受相关技术部门指导，加强病、虫、草害防治，确保农作物正常生长。

（2）养殖业保险

养殖业保险，是以我们养殖的陆生动物或水生生物为保险标的，只要我们支付了约定的保险费，如果遭受保险责任范围内的自然灾害、意外事故和疾病造成的损失，我们就可以从保险公司获得经济补偿。养殖业保险通过投保动物性生产的保险，用来避免动物性生产中可能出现的风险所带来的经济损失。

由于现代养殖业养殖的动物种类众多，甚至有人在山东养殖藏香猪（西藏产），并且养殖业生产形式也多种多样，因此，养殖业保险的分类也比较复杂，目前尚无统一的标准。而且，我国幅员辽阔，气候等自然条件千差万别，养殖品种不同，各保险公司开办的保险品种也就不会完全相同，农户想要投保时，需向当地保险公司详细咨询。一般说来，养殖业保险有以下两种分类方法：

①按照保险标的分类

按照保险标的划分，可划分为：

第一，大牲畜保险。大牲畜保险是以人工饲养的大型牲畜（主要包括牛、马、骡、驴等）的生命为保险标的的一种死亡损失保险。

第二，小牲畜保险。小牲畜保险是以人工饲养的中小牲畜的生命为保险标的的一种死亡损失保险。

第三，家禽保险。家禽保险是以商品性养殖的禽类动物的生命为保险标的的一种死亡损失保险。

第四，水产养殖保险。水产养殖保险是以商品性养殖的水产品作为保险对象的一种损失保险。水产养殖保险又可以进一步分为水产品养殖收获价值的损失保险和水产养殖成本的损失保险。

第五，特种养殖保险。特种养殖保险是以经济价值较高、未经长期驯化的野生动物，或经过人工驯化、具有一定经济价值的动物（如貂、狐狸）为保险标的的一种死亡损失保险。

②按照其他方法分类

按保险责任划分，可分为：单一责任保险，即仅承保一项风险造成的损失责任；混合责任保险，即承保两项或两项以上风险造成的损失责任。

按保险标的品种的多少划分，可分为：单一标的保险，只承保一种标的物的风险损失；混合标的保险，承保被保险人的多种标的物的风险损失，如养猪“一揽子”保险，不仅承担养猪死亡风险，也承担猪舍、饲料设备的损失风险。

按保险的实施方式划分，可分为养殖业强制保险和养殖业自愿保险。

按保险的收费方式划分，可分为1年期养殖业保险和长期储蓄返还性保险。

**小资料**

### 中国人民财产保险股份有限公司农业保险产品

中国人民财产保险股份有限公司全国性的农业保险产品有如下17种：

1. 玉米种植保险。
2. 水稻种植保险。
3. 小麦种植保险。
4. 棉花种植保险。
5. 大豆种植保险。
6. 油菜种植保险。
7. 花生种植保险。
8. 能繁母猪养殖保险。

9. 奶牛养殖保险。
10. 林木火灾保险。
11. 农作物火灾保险。
12. 苗木保险。
13. 农作物种植雹灾保险。
14. 温室园艺作物种植保险。
15. 奶牛保险基本险。
16. 政策性森林火灾保险。
17. 政策森林综合保险。

2. 按经营模式分类

农业保险按经营模式可分为政策性农业保险和商业性农业保险，两者的比较可见表2—1。

表2—1　**政策性农业保险和商业性农业保险比较**

| 政策性农业保险 | 商业性农业保险 |
| --- | --- |
| “政府推动+共保经营”的模式 | 完全由商业保险公司自主运营 |
| 不以营利为目的，社会效益优先 | 企业经营行为，公司效益优先 |
| 政府对参保农户进行保费补贴并分担共保体的赔偿责任 | 完全由投保农民自缴保费，保险公司承担完全赔偿责任 |
| 保费低，保险责任范围大 | 保费高，保险责任范围小 |
| 保险品种多 | 保险品种少 |
| 盈余滚存，以丰补歉 | 盈余作为保险公司利润 |

3. 按保障程度分类

（1）成本保险

成本保险，简单来说就是“保本”，是指以生产投入作为确定保障程度的基础，依据生产成本确定保险金额的保险。

农业生产成本是随生长期而渐进投入的，因此，成本保险一般采用变动保额、按生育期定额保险的方式进行。

（2）产量保险或产值保险

产量保险或产值保险，简单来说就是“保产出”，是指以生产产出作为确定保障程度的基础，依据产品产出量确定保险金额的保险。以实物量计，称为产量保险；以价值量计，称为产值保险。

由于农产品产量是生产过程结束时最终形成的，因此，产量或产值保险一般采用定额保险的方式进行，即按正常产量的一定成数承保，比如八成。不足额承保的目的，主要是防止道德风险。

**小资料**

**道德风险**

在保险领域，道德风险不是人们日常所说的道德败坏。道德风险是经济学家的词汇，是指从事经济活动的人在最大限度地增进自身利益的同时做出不利于他人的行动。拿保险来说，如果足额承保的话，有些农户就有可能不积极采取防灾减灾措施，这就是道德风险。

4. 按交费方式分类

（1）短期农业保险

短期农业保险的保险期限一般不超过 1 年，投保人若连续投保，需在到期前按条款规定办理续保手续，并在规定的时间内交纳保费。

（2）长效储金型农业保险

长效储金型农业保险的保险期限一般为 3 年以上，投保人投保时交纳一定数额的储金，以储金的利息作为保费，在保险期限内不需要年年交费，如小麦储金保险、林木储金保险等，这主要是针对多年生的农业产品。

5. 按保险标的所处生长阶段分类

这种划分主要适用于农作物保险。

（1）生长期农作物保险

生长期农作物保险是针对农作物在生长过程中因保险灾害事故造成的减产损失的一种保险，如各种作物种植保险。

（2）收获期农作物保险

收获期农作物保险是针对农作物成熟收割及之后脱粒、碾打、晾晒、烘烤期间所受灾害损失的一种保险。

收获期农作物保险不同于普通的财产保险，农产品在临时加工场地进行初步加工完毕入仓后，才属于财产保险范围。

此外，按保险责任范围，农业保险可划分为单一风险保险、多风险保险、一切险保险；按保单形式，可划分为单险种保险、组合式保险；等等。

## 三、怎样投保农业保险

1. 购买农业保险的特殊性

农业保险与农业密切关联，农业生产的特殊性决定了购买农业保险的特殊性，具体来讲，体现在以下几个方面：

（1）把握农时与生长周期，及时投保农业保险

农业生产和农业灾害有很强的季节性，这决定了农业保险讲究农时。例如，农作物保险，一般是在春天投保，秋后待农作物收获后责任期结束。

（2）结合政策补贴，交纳少量保费

我国农业生产技术水平相对落后，农业保险也处于起步阶段，目前国家开办农业保险的主要目的是为农业提供保障，通过拨付一定的财政资金用以扶持政策性农业保险的开展。农户只需交纳少量的保费，就可以获得政策性农业保险的保障。

**小资料**

### 政策性农业保险为铁岭市农业保驾护航

政策性农业保险和粮食直补一样，是中央出台的又一项实实在在

的惠农政策，政策性农业保险实行财政补贴，种植粮油作物保险保费由各级财政负担80%，农民只需交保费的20%；设施农业保险保费由各级财政负担50%，农民承担50%。铁岭政策性农业保险从2009年开始正式实施。参保品种包括：玉米、水稻、花生、大豆四种作物，农户参保面积原则上以粮食补贴面积为基础依据，机动地、农场和林场的耕地均可纳入投保范围。

在铁岭开展农业政策性保险业务的保险公司共有两家：一是中华联合保险股份有限公司铁岭中心支公司；另一是安华农业保险股份公司辽宁分公司。

2010 年，全市 650.5 万亩农作物参加了政策性农业保险，比上年增加 13.5 万亩，增长 2.1%，参保面积占应保面积的 90%。

资料来源　http://finance.ifeng.com/roll/20101213/3048799.shtml，有删减。

（3）险种计划分配，农户按需投保

目前，开展农业保险的保险公司不多，主要就是中国人民财产保险公司、中华联合保险公司和安华农业保险公司。中国农业发展银行作为我国唯一的农业政策性银行，也代理一些农业保险产品。

国家在各家保险公司承保的险种上有明确的规定，农户要投保：

首先，选准承保的保险公司或机构部门。例如，安华农业保险公司在某些地区只承保种植业保险中的玉米保险、小麦保险和葵花保险，养殖业保险中的奶牛保险。中国人民财产保险公司可以承保的险种有温室大棚保险、肉牛保险、奶牛保险基本险、肉羊养殖保险、油葵种植保险、生猪养殖保险、马铃薯种植保险、番茄种植保险和奶牛养殖园区综合保险以及奶牛养殖场综合保险。

其次，比较保险公司的专业性和特色性，选择最适合自己的保险产品。

（4）以团体为单位，统一进行投保

目前，承保政策性农业保险的保险公司或部门不接受个人投保，而是与当地农牧局、农业产业化龙头企业和农村专业合作组织签订合同。

种植业保险要以县、乡（镇）或村为单位进行统一投保。农场或具备50亩以上种植规模的农户可以单独投保，但同团体投保一样，也需要农户将保费交到各乡镇保险协保员手中，协保员再交到保险公司。

每个行政村确定一名村级政策性农业保险代办员，村级政策性农业保险代办员的职责是负责本村的政策性农业保险工作，包括编制投保分户清单，收取保险费。

（5）地域特点不同，保险标的各异

农业生产及农业灾害的地域性，决定了农业保险也具有较强的地域性，即不同地方有不同的农业保险。如果开展特色种植、养殖业的话，要问清楚是否有相关农业保险险种。

2. 投保流程和理赔流程

农户投保流程如图2—1所示，理赔流程如图2—2所示。

需要说明的是，我国的农业保险大多是政策性的，以上流程是针对政策性农业保险。商业性农业保险则完全由农户自己购买，流程与一般保险产品类似。

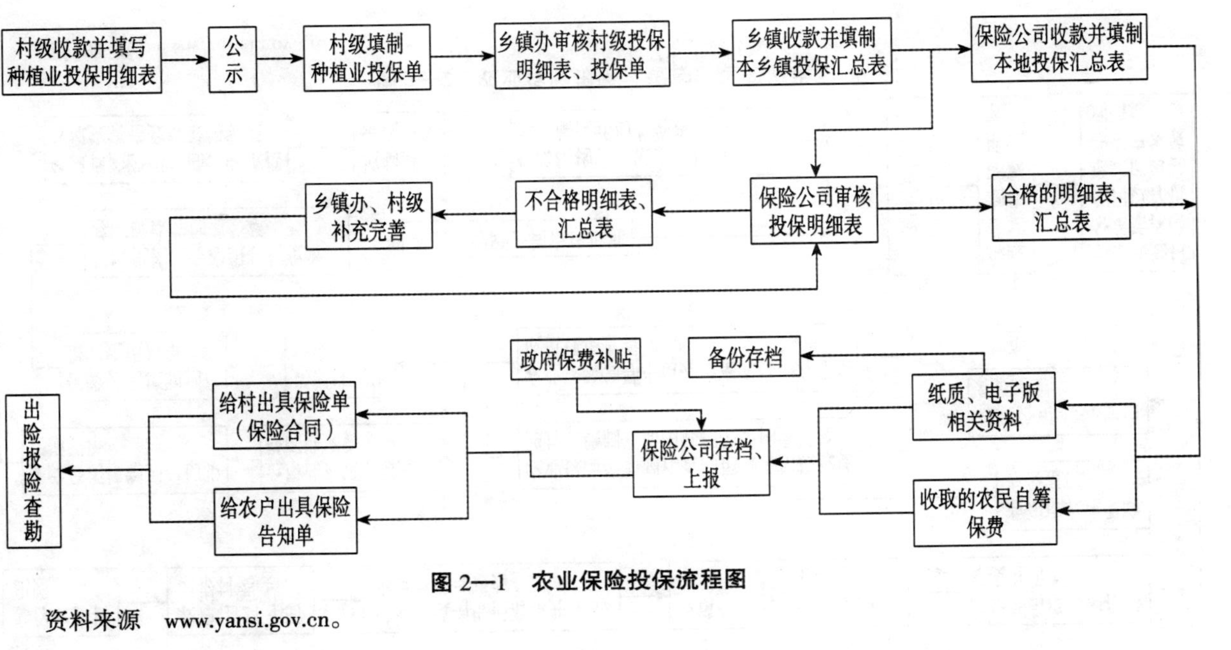


**图 2—1　农业保险投保流程图**

资料来源　www.yansi.gov.cn。

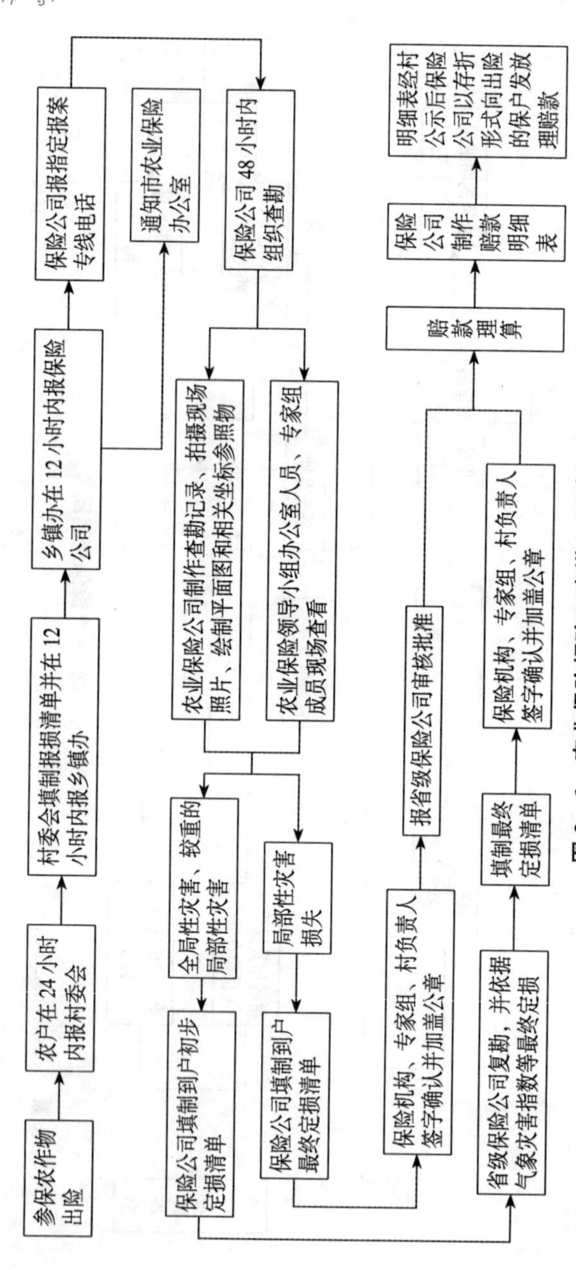


**图 2—2　农业保险报险、查勘、理赔流程图**

资料来源　www.yansi.gov.cn。

# 第三章　保险合同

## 农家保险

### 漠视投保单的后果

某年4月，消费者刘某与建设银行南京中央门支行（下简称建行支行）签订了一份汽车消费贷款合同。随后，刘某向某财产保险公司南京市分公司（下简称南京分公司）投保了机动车辆消费贷款保证保险。当年11月起，刘某因经济拮据导致还款困难。第二年11月18日，建行支行向提供贷款保险单位南京分公司提出索赔。南京分公司审核与建行支行签订的保险协议后，于同年12月6日向建行支行支付了9.3万余元赔偿款。两年后，南京分公司将刘某起诉至南京六合区法院，请求法院判令刘某偿还南京分公司已赔付给银行的9.3万余元。庭审时，刘某辩称，他与建行支行签订的贷款合同是存在的，但他从未向南京分公司投保，交过保险费，更没有签订过任何保险合同。南京分公司出具的保险合同系伪造。

法院审理后发现，南京分公司未能出具刘某的投保单，而出具的保险单，既无刘某签字，也无刘某的缴费凭据，所以，无法认定双方曾有过保险合同关系。同时，南京分公司在自行向建行支行理赔后，也不能说明，该公司就能取得向刘某求偿的权利。因此，南京分公司的诉讼要求法院不予支持。

这宗案例反映出保险公司在承保环节普遍存在的漠视投保单的现象，很值得参与保险的各方重视：保险合同是投保人与保险人之间的协议，在保险实务操作中，保险合同以投保单和保险单的形式固定。

一般认为，投保人填写的投保单是要约，保险人出具的保险单是承诺，投保单和保险单相加，构成一份相对完整的保险合同（有批单的除外）。但在实践中，保险人非常重视保险单，而普遍对投保单不给予关注，许多保险公司甚至存在投保单丢失或者投保单没有填写或者没有投保人签字的情况。无论是保险公司还是投保人，在行使自己权利时就处于非常不利的地位，一旦对方不予认可，而自己由于没有相应的证据佐证，败诉的后果将不可避免。

## 一、保险合同概述

保险合同，也称保险契约，是确立保险人和被保险人保险关系的法律依据。我国《保险法》第十条规定："保险合同是投保人与保险人约定保险权利义务关系的协议。"

作为一般经济合同，保险合同也具备一般经济合同所共有的特点。体现在以下几个方面：第一，合同的订立需要经过要约与承诺两个步骤。要约是指当事人一方向另一方提出订立合同的要求或建议，承诺是指当事人一方对另一方提出的要约表示完全同意。第二，合同的订立需要满足对价的要求。对价是指当事人一方在获得某种利益时，必须给付对方相应的代价。在保险合同中，被保险人的对价是缴纳保险费和遵循保险合同的规定，保险人的对价则是承诺履行保险合同中规定的责任。第三，合同的双方当事人必须具备民事行为能力。《中华人民共和国合同法》（以下简称《合同法》）及《保险法》均规定，合同的双方当事人必须具备民事行为能力。第四，合同必须依法成立。合同的有关内容、当事人等必须合法，否则无效。

可以从三方面对保险合同进行理解：一是说明了保险合同的本质是双方的一种合意，它属于协议；二是指明了保险合同的当事人为投保人和保险人；三是说明了保险合同所确定的内容是保险合同双方的权利义务关系。保险合同作为投保人与保险人约定保险权利义务关系的协议，不仅适用《合同法》关于合同的一般规定，而且适用于《保险法》关于保险合同的特殊规定。农户在办理保险时，一定要仔细阅读保险合同，办理后，还要保管好有关保险合同等单据。

保险合同作为一种不同于其他经济合同的特殊经济合同，它具有以下特点：

（1）保险合同是射幸合同

"射幸"这一名词在人们日常生活中几乎没有见过，简单来说，"射幸"就是碰运气、赶机会的意思，换句话说，就是不一定、偶然发生的意思。在射幸合同中，当事人的付出与所得报酬不具备等价交换的特点。保险合同的射幸性是由风险事故发生的不确定性所决定的，如果发生保险事故，合同才发挥作用，才发生赔偿；如果不发生保险事故，合同就不发挥作用，不会发生赔偿。

（2）保险合同是非典型双务合同

合同按当事人是否对对方负有给付义务可分为双务合同与单务合同。双务合同指的是合同双方当事人都要向对方承担义务的合同，如买卖合同，我付给你钱，你就得给我东西。如果当事人仅一方负给付义务，对方不承担相应义务的，则为单务合同，如赠与合同，我赠与你金钱或实物，你不必给我任何相近价值的东西，就是俗话所说的"给的"。保险合同是有偿合同，投保人给付保险费，保险人在保险合同成立生效后承担一定风险，在保险事故发生后，需要承担一定的给付义务，从这个意义上讲，二者构成对价关系，是双务合同。但是，需要指出的是，保险合同不是典型的双务合同，因为一方面保险人给付保险金的义务是不确定的，即在约定时间内保险事故或约定事件的发生与否不确定，保险人承担的给付义务也不确定；另一方面，保险人保险金的给付对象可能是投保人，也可能是被保险人。也就是说，投保人履行的给付义务，将来可能并不能得到保险金，如投保人与被保险人是不同的人时。从以上意义上来说，保险合同是非典型的双务合同。

（3）保险合同是最大诚信合同

任何合同的签订和履行都要求当事人双方能够“重合同、守信用”。但是，由于保险合同是射幸合同，其前提是必须建立在最大的善意基础上，否则，保险合同就可能存在欺诈。保险的基本原则之一即为最大诚信原则，这一原则的首要体现就是保险合同。保险经营的特殊性，要求保险双方当事人在签订和履行保险合同时要坚持最大诚信原则，保持最大限度的诚意和信用。我国《保险法》明确规定了从事保险活动必须遵守最大诚信的原则。对保险合同双方当事人违反最大诚信原则的行为，《保险法》还规定了严厉的处罚措施。

## 二、保险合同的形式

保险合同属于非即时结清合同，其有效期往往比较长，而且保险合同的内容非常详细、复杂，实务中保险合同主要包括以下几种形式的文件：

1. 投保单

投保单又称“要保书”或“投保申请书”，它是投保人申请投保时填写的书面文件。实务中，为准确、迅速地处理保险业务，投保单的格式和项目都是由保险人（即保险公司）设计，并以规范的形式提出。投保单主要包含以下内容：被保险人名称、地址，保险标的名称，投保险别，保险金额和保险责任起讫日期等。在人身保险的投保单中，还必须列入被保险人的年龄、职业、健康状况、受益人等。作为投保单的附件，这些详细具体的情况是保险人了解投保人的保险要求，决定是否承保以及保险险别、保险条件和保险费率等的重要依据。投保单是保险合同中必不可少的法律文件，是保险人决定是否承保以及证明被保险人是否遵循最大诚信原则的首要依据，在保险人出立正式保险单后，投保单成为保险合同的组成部分。

2. 暂保单

暂保单又称“临时保险书”，是保险单或保险凭证签发之前，保险人发出的临时单证。暂保单的内容较为简单，仅表明投保人已经办理了保险手续，并等待保险人出立正式保险单。暂保单不是订立保险合同的必经程序，使用暂保单一般有以下三种情况：（1）保险代理人在争取到业务时，还未向保险人办妥保险单手续之前，给被保险人的一种证明；（2）保险公司的分支机构，在接受投保后，还未获得总公司的批准之前，先出立的保障证明；（3）在洽订或续订保险合同时，订约双方还有一些条件需商讨，在没有完全谈妥之前，先由保险人出具给被保险人的一种保障证明。

暂保单具有和正式保险单同等的法律效力，但暂保单的有效期一般不长，通常不超过 30 天。当正式保险单出立后，暂保单就自动失效。如果保险人最后考虑不出立保险单时，也可以终止暂保单的效力，但必须提前通知投保人。

3. 保险单

保险单是由保险人向投保人签发的书面凭证，是最基本的保险合同形式。保险单应力求完整、明确。保险单的记载内容必须符合前述《保险法》的基本要求内容，除此以外，还应当包含保险合同的所有条款。

4. 保险凭证

保险凭证是保险单以外的一种保险合同书面凭证，是简化的保险单。其内容仅包括保险金额、保险费率、险别、投保人、被保险人、保险期限等。保险凭证中未列入的内容，以同类正式保险单为准，如果正式保险单与保险凭证的内容有抵触或者保险凭证另有特定条款，则应以保险凭证为准。保险凭证通常在货物运输保险、机动车辆保险等业务中采用。

5. 其他书面协议形式

除上述四种形式外，保险合同还包括有其他的书面协议形式，如附加保险条款和批单，它们也构成保险合同的一部分。在保险合同生效后，如因保险标的、风险程度有变动，就需要在保险合同中增加新的内容或对部分合同内容进行修改。因此，保险人在保险合同之外出具批单，以注明保险单的变动事项，或者在保险合同上记载附加条款，以增加原保险合同的内容。批单和附加保险条款的法律效力都先于原保险单的同类款目。

## 三、保险合同的内容

保险合同的内容是保险合同当事人双方依法约定的权利和义务，通常以条文形式表现。保险合同的内容主要由保险合同的条款体现，保险合同的条款，又称保险条款，是规定保险人与投保人或被保险人之间的基本权利和义务的条文，是双方履行保险责任的依据，一般由基本条款和特约条款组成。

1. 保险合同的基本条款

基本条款，又称法定条款，是根据法律规定的、由保险人制定的、必须具备的条款。基本条款一般直接印在保险单证上，不能随投保人的意愿而变更。

我国《保险法》第十八条规定，保险合同应当包括下列事项：

（1）保险人的名称和住所

保险人在我国专指保险公司，其名称为保险公司的全称，须与保险监管部门和工商行政机关批准和登记的名称一致。其住所为保险公司或分支机构的主营业场所。保险人的名称和住所一般在格式保险合同上先印好。

（2）投保人、被保险人的姓名或者名称、住所以及人身保险的受益人的姓名或者名称、住所

投保人、被保险人和受益人可以为法人、自然人或其他合法组织，这三者可以为一人或数人。投保人、被保险人、受益人的名称要使用真实姓名，住所地址要使用全称。

（3）保险标的

保险标的是保险的对象，是可保利益的载体。明确保险标的，有利于确定保险合同的种类、明确保险人承担责任的范围、判断投保人对保险标的是否具有保险利益、确定保险价值及赔偿数额。在财产保

险中，标的物的数量、质量、坐落地点或运输方式、工具、航程等均应在合同中明确记载；在人身保险中，保险标的是被保险人的生命和身体，因此，应详细记录被保险人的健康状况、性别、年龄、职业、居住地及其与投保人之间的亲属或利益关系等，这些都是确定其危险程度和保险利益的重要依据。

（4）保险责任和责任免除

保险责任是指合同约定的保险事故发生后，保险人依据保险合同所应承担的赔偿或给付保险金的责任。规定保险责任的法律意义在于确定保险人承担风险责任的范围。责任免除，又称除外责任，是指在保险合同中列明的保险人不予承担的保险赔偿与保险金给付责任。它是对保险责任的限制。除外责任的明示可以进一步明确保险责任的范围。

（5）保险期间和保险责任开始时间

保险期间是指保险人为被保险人提供保险保障的起止时间。保险合同在此期间内有效，保险人承担保险责任。保险期限的长短依合同种类及投保人的需求而不同，长的可达几十年，短的可以按分钟计算。保险责任的开始时间由合同双方约定，通常以年、月、日、时在合同中标示。在我国的保险实务中，是以开始承担保险责任之日的零时为具体开始时间的，即“零时起保”。保险人仅对保险期间内发生的约定保险事故所致损害承担赔偿责任。在保险期间以外，即使属于保险责任，保险人亦不承担赔偿或给付责任，由此可见，保险期限及保险责任开始时间的规定，明确了当事人享有权利和承担义务的起止时间，是保险合同当事人履行义务的依据，无论采取哪种方式，都必须在保险合同中明确记载。

（6）保险金额

保险金额通常简称为保额，是保险人承担赔偿或给付保险金义务的最高限额。保险金额的确定，是为计算保险费和确定保险赔偿的最高限额提供依据。保险金额一般由投保人和保险人协商确定。在财产保险中，保险金额必须在保险标的实际价值与投保人对保险标的所具

有的可保利益范围之内。在人身保险中，根据投保人的实际需要与缴费能力等多方面的因素来共同决定保险金额。

(7) 保险费以及支付办法

保险费是投保人为获得保险保障而须按照保险合同约定向保险人缴纳的费用。保险费是保险基金的重要来源，缴纳保险费是投保人的基本义务。保险费的支付方式有多种，因合同种类而异，有趸缴、期缴等方式。趸缴即一次缴清，期缴即按期分次缴纳。保险合同应明确规定保险费的数额、缴纳方式、缴纳时间和次数。投保人缴纳保险费是保险合同生效的条件。保险费的数额取决于保险金额和保险费率以及保险期限等因素，还取决于保险责任范围的大小、经营成本等因素。

(8) 保险金赔偿或给付办法

赔偿或给付保险金是保险人履行保险合同的具体方式。该项约定有利于明确保险人履行义务的方式。在补偿性保险合同中，按规定的方式计算赔偿金额；在给付性保险合同中，按约定的保险金额给付。

(9) 违约责任和争议处理

当合同当事人因过错不履行合同或不能完全履行合同约定的义务时，所应承担的法律后果即为违约责任。明确违约责任，可以在一定程度上防范违约行为的发生。保险合同的争议处理主要有协商、调解、仲裁和诉讼，采取哪种方式解决保险争议，应在保险合同中有所约定。

(10) 订立合同的年、月、日

注明保险合同的订立时间具有非常重要的意义，它是判断可保利益是否存在的时间标准，以确定保险事故是否已经发生，避免保险欺诈，还关系到保险合同双方当事人的权利义务。为了避免纠纷，订立保险合同的年、月、日是保险合同必不可少的条款之一。

2. 保险合同的特约条款

特约条款是指，在基本条款以外，由投保人与保险人根据实际需要而协商约定的其他权利与义务。特约条款有广义与狭义之分：广义的特约条款包括保证条款、附加条款两种类型；狭义的特约条款仅指保证条款。

附加条款是当事人在合同的基本条款的基础上约定的补充条款。它用于增加或限制双方的权利义务，是对基本条款的修改或变更，其效力优于基本条款。通常采取在保险单上加批注或批单的方式，使之成为合同的一部分。

保证条款是指投保人、被保险人就特定事项担保某种行为或事实的真实性的条款。该类条款由于其内容具有保证性质而得名。保证条款一般由法律来规定，是投保人、被保险人必须遵守的条款，否则保险人有权解除合同或拒绝赔偿。

## 四、保险合同的各方

保险合同的各方，即主体，是指与保险合同发生直接、间接关系，对保险合同享有权利或承担义务的自然人和法人，包括当事人、关系人和辅助人。

1. 保险合同的当事人

当事人是指直接参与保险合同的签订、确定保险合同双方的权利与义务的行为人，即参与订立保险合同的主体，包括投保人和保险人。

（1）投保人

投保人又称要保人，是对保险标的具有可保利益，向保险人申请订立保险合同，并负有缴付保险费义务的保险合同的一方当事人。作为保险合同的当事人，投保人必须具备以下条件：

第一，投保人必须具备完全的民事权利能力和行为能力。一般说来，没有法人资格的组织及无行为能力和限制行为能力的自然人均不能成为投保人。

第二，投保人必须对保险标的具有保险利益。否则，投保人不能申请订立保险合同，已订立的保险合同为无效合同。保险利益是指投保人或被保险人对投保标的所具有的、法律上承认的经济利益。它体现了投保人或被保险人与保险标的之间存在的利害关系。

第三，作为投保人必须与保险人订立保险合同，并且按照合同的约定缴纳保险费。

（2）保险人

保险人，又称承保人，是与投保人签订保险合同、向其收取保险费并对其承担赔偿或给付保险金责任的组织，也就是保险公司。保险人经营保险业务，是保险合同的一方当事人。根据保险合同，保险人拥有向投保人收取保险费的权利；当保险事故发生或约定的保险期限届满时，有履行赔偿责任或者给付保险金的义务。

2. 保险合同的关系人

保险合同的关系人是指与保险合同有经济利益关系，而不一定直接参与保险合同订立的人。保险合同的关系人包括被保险人、受益人和保单所有人。

（1）被保险人

被保险人是指其财产或人身受保险合同保障，享有保险金请求权的人。在财产保险中，被保险人可以是法人、组织，也可以是自然人。在人身保险中，被保险人必须是有生命的自然人，被保险人的生命、身体等是保险合同的保险标的，是保险事故发生的主体对象。农户进行保险，农户就是被保险人。

被保险人与投保人之间的关系主要有以下两种形式：投保人为自己的利益投保，投保人就是被保险人，常见于财产保险；投保人为他人的利益投保，投保人与被保险人是不同的人，这常见于人身保险，比如，父母为小孩投保。

（2）受益人

受益人，又称保险金受领人，是指在保险合同中由被保险人或投保人指定的，在保险事故发生或约定的保险期间届满时，享有保险金请求权的人。受益人对人身保险合同只享有权利，而不承担义务。

财产保险合同中并没有专门的受益人规定，因为财产保险的被保险人通常就是受益人。只有在某些特殊情况下，财产保险合同的当事人才约定由第三者享有优先受领保险赔偿的权利，而第三者一般是被保险人的债权人，并非保险法上的受益人。在责任保险合同中，虽没有指定受益人，但保险赔偿却并非由被保险人领取。

投保人、被保险人、受益人这三者可以是同一人、两人甚至多人。当投保人以自己种植的作物、养殖的牲畜等为自己的利益订立保险合同时，投保人既是被保险人，也是受益人；当投保人为别人（比如子女）种植的作物、养殖的牲畜等订立保险合同时，受益人是由其指定的人。若投保人想要变更受益人，须经被保险人同意。

我国《保险法》第四十二条规定："被保险人死亡后，有下列情形之一的，保险金作为被保险人的遗产，由保险人依照《中华人民共和国继承法》的规定履行给付保险金的义务：

（一）没有指定受益人，或者受益人指定不明无法确定的。

（二）受益人先于被保险人死亡，没有其他受益人的。

（三）受益人依法丧失受益权或者放弃受益权，没有其他受益人的。

受益人与被保险人在同一事件中死亡，且不能确定死亡先后顺序的，推定受益人死亡在先。"

（3）保单所有人

保单所有人，又称为保单持有人，是拥有保单各种权利的人。保险所有人的术语主要适用于人寿保险合同，这里也对其简要述之。拥有人寿保单的保单所有人的权利通常有：变更受益人；领取退保金；领取保单红利；以保单作抵押借款；放弃或出售保单的一项或多项权利；指定新的所有人。保单所有人是在投保人和保险人订立合同时产生的，它可以是个人，也可以是组织，既可以与受益人是同一人，也可以是投保人等其他任何人。

3. 保险合同的辅助人

保险合同的辅助人是指协助保险合同的当事人签署保险合同或履

行保险合同并办理有关保险事宜的人，包括保险代理人、保险经纪人和保险公估人等。保险业务的专业性和技术性要求有专门的从业人员参与、协助办理有关业务。保险合同的辅助人为保险合同的订立和履行提供服务，对保险合同既不享有直接权利，也不承担直接义务，但对保险合同的订立起着保险人或保险客户代理人的作用。由于保险合同的辅助人所担任的角色具有中介的性质，又被称为保险中介人。

（1）保险代理人

保险代理人是指根据保险人的委托，向保险人收取佣金，并且在保险人授权的范围内代为办理保险业务的机构或者个人。例如，保险人通过代理人帮助其招揽客户，签订保险合同、解决保险合同争议、代理理赔检验工作等，保险人则以手续费或佣金的形式给予保险代理人一定的报酬。保险代理人在保险人授权的范围内代理保险业务的行为所产生的法律责任，由保险人承担。

保险代理人包括专业代理人、兼业代理人和个人代理人。专业代理人是指专门从事保险代理业务的保险代理公司，其业务范围比较广泛，包括代理销售保险单、代理收取保险费、进行保险和风险管理咨询服务、代理保险人进行损失查勘和理赔等业务，其组织形式为有限责任公司。兼业代理人是指受保险人的委托，在从事自身保险业务的同时，指定专人为保险人代办保险业务的单位，其业务一般只限于代理销售保险单和代理收取保险费。个人代理人是指根据保险人的委托，向保险人收取手续费，并且在保险人授权的范围内代为办理保险业务的个人，主要是指保险业务员。

保险代理人与保险人必须在代办保险业务以前根据平等互利和双方自愿的原则签订保险代理合同，并且必须在代理合同中规定授权的范围、代理的地域和实践范围、险种和双方收费的标准以及相关的法律责任。一般而言，保险代理人在代理活动过程中只能以保险人的名义与投保人发生关系，而且仅限于所授权的范围之内，不得滥用职权、不得超出该规定的权限范围。在保险人授权的范围之内从事活动所带来的法律责任，由保险人承担；若因代理人的越权行为造成的损失后果，代理人应对保险人承担赔偿责任。

（2）保险经纪人

保险经纪人是指基于投保人的利益，为投保人与保险人订立保险合同提供投保、缴费、索赔等中介服务，并且依法收取佣金的机构。经营保险经纪业务，必须按照《保险经纪人管理规定》设立保险经纪公司。因保险经纪公司的过错，给投保人、被保险人造成损失的，由保险经纪公司承担赔偿责任。

保险经纪人和保险代理人都是保险合同的辅助人，但却有明显的区别：第一，保险经纪人代表的是投保人的利益，而保险代理人代表的是保险人的利益；第二，保险经纪人是以自己的名义进行保险经纪活动的，但是保险代理人则是以保险人的名义与投保人和被保险人发生关系；第三，保险经纪人的保险经纪业务所产生的法律责任，由保险经纪公司承担，但是保险代理人在授权范围内进行活动所产生的法律责任由保险人承担，只有在授权范围之外的活动中产生的法律责任，才由代理人自己承担。

（3）保险公估人

保险公估人是指专门从事保险标的的查验、评估和保险事故的认定、估损、理算等业务，并且据此向当事人委托方收取合理费用的机构和个人。公估人在保险市场当中承担着专业技术服务功能、保险信息沟通功能和风险管理咨询功能。保险公估人一般受保险公司委托而开展业务，除少数专门受被保险人委托的公估人之外，通常只对保险人负责，无需对被保险人负责。公估人出具的公估报告一般是作为理赔的参考依据，本身不具有法律权威性。保险公估人因为职业疏忽导致委托人遭受损失，应承担法律赔偿责任。因此公估人通常会投保职业责任保险。保险公司对公估人的委托，通常是在经过双方了解和认识的基础上，采取口头方式进行。一旦保险公估人接受保险公司的委托，保险公估合同关系即告成立。

## 五、保险合同的成立与生效

1. 基本含义

保险合同的成立是指投保人与保险人就保险合同条款达成协议，即经过投保人的要约和保险人的承诺，即告成立。

保险合同的生效是指保险合同对当事人双方发生约束力，即合同条款产生法律效力。一般而言，保险合同生效，就意味着保险人开始按照保险合同的规定承担保险责任。

保险合同的生效还需要一个对价的过程。合同当事人双方的价值交换称之为“对价”。在保险合同中，保险人给予投保人或被保险人的对价是一种承诺，即保险人同意当保险事故发生时向被保险人支付赔偿金；而当保险事故没有发生时，保险人则无须支付任何赔偿。作为对保险人承诺的回报，投保人或被保险人给予保险人的对价通常是缴纳保费等在合同中所附的条件规定的义务。在一般情况下，投保人缴付保险费后，已订立的保险合同即开始生效。在我国，保险合同的生效起始时间采用“零时起保”方式确定。

保险合同的成立不一定标志着保险合同的生效。保险合同成立时并不发生法律效力。这意味着，在保险合同成立后、尚未生效前，如果发生保险事故，保险人不承担保险责任。投保人与保险人也可在保险合同中约定，保险合同一经成立就发生法律效力，此时保险合同成立即标志着生效。

2. 重要区别

必须注意，“保险合同成立”、“保险合同生效”和“保险责任开始”这三个概念存在着区别。

首先，从效力上看，三者存在着一些差别。保险合同经当事人协商一致即成立，但此时尚不具备法律效力；保险合同生效是指保险合同对当事人发生法律效力，此时合同当事人受保险合同条款的约束；保险人开始承担保险责任的时间可以与保险合同的成立不一致，而是按照约定的时间开始承担保险责任。

现行的保险条款一般规定，保险合同自保险人同意承保、投保人缴纳保费且保险人签发保险单时开始生效。按照这个保险合同条款的规定，保险责任开始的时间与保险合同生效的时间是一致的。例外的情形之一是，现行的航空旅客意外伤害保险条款规定，保险责任从被保险人进入保险单约定的航班的舱门时开始。

总的来说，保险责任开始的时间与保险合同生效的时间可以一致，也可以不一致。但是保险责任开始的时间一定迟于保险合同生效的时间。并且，保险条款一般都规定，保险合同生效和保险责任开始以投保人缴纳保费为前提条件。投保人不缴纳保费，虽然保险合同也可以成立，但是保险合同不生效，保险责任也未开始。保险公司对于在保险责任开始以前发生的保险事故不承担保险责任。

其次，从保险责任上看，三者也存在着差别。保险合同成立后尚未生效或保险责任尚未开始前，即使发生约定的保险事故，保险人也不承担赔偿责任；保险责任开始后，如果发生保险事故，保险人应按照合同的约定承担赔偿或给付保险金的责任。

在保险合同的订立过程当中，经常会出现保险人没有接受投保人的投保但实际已收取保费的情况。例如，有的保单要求被保险人进行体检，在体检以前，保险公司收取了投保人缴纳的保费。在这种情况下，如果发生保险事故，保险公司原则上是不承担保险责任的。因为从合同订立的角度分析，实质上保险公司没有对投保人提出的合同要约进行承诺。也就是说，保险合同并没有成立，更谈不上承担保险责任。但是，在保险实践当中，如果被保险人体检合格，保险公司可以承担保险责任。这就是保险合同的追溯效力，即把保险合同成立、生效时间追溯至收取保费之时，这实际上体现了保险合同的公平原则。

## 六、保险合同的履行

保险合同的履行是指合同的当事人双方依法全面履行保险合同约定的义务。保险合同是双务合同，保险合同的当事人在享有权利的同时，也必须承担相应的义务。而且，一方当事人权利的实现，以对方履行相应的义务为前提。保险合同的履行包括投保人和保险人双方的义务。

1. 保险人的义务

保险人在合同履行过程中的义务主要包括赔偿或给付保险金的义务、向投保人说明条款的义务、及时签发保险单证的义务、为投保人等其他保险合同主体保密的义务等。

其中，向投保人说明保险条款是保险人的告知义务是法定义务，保险人不得以合同条款的方式加以限制或者免除说明的义务。不论在何种情况下，保险人均有义务在订立保险合同时主动、详细地说明保险合同的各项条款，并且对投保人提出的有关保险合同的有关问题作出直接、真实的回答。对于免责条款，保险人不仅要履行说明义务，还要明确说明或者作出特别的提示，否则该条款无效。

《保险法》第二十三条规定："保险人收到被保险人或者受益人的赔偿或者给付保险金的请求后，应当及时作出核定；情形复杂的，应当在三十日内作出核定，但合同另有约定的除外。保险人应当将核定结果通知被保险人或者受益人；对属于保险责任的，在与被保险人或者受益人达成赔偿或者给付保险金的协议后十日内，履行赔偿或者给付保险金义务。保险合同对赔偿或者给付保险金的期限有约定的，保险人应当按照约定履行赔偿或者给付保险金义务。保险人未及时履行前款规定义务的，除支付保险金外，应当赔偿被保险人或者受益人因此受到的损失。任何单位和个人不得非法干预保险人履行赔偿或者给付保险金的义务，也不得限制被保险人或者受益人取得保险金的权利。"

《保险法》第二十四条规定："保险人依照本法第二十三条的规定作出核定后，对不属于保险责任的，应当自作出核定之日起三日内向被保险人或者受益人发出拒绝赔偿或者拒绝给付保险金通知书，并说明理由。"

2. 投保人的义务

农户进行投保，为防灾减损，就要了解作为投保人的义务，以顺利投保以及在发生灾害时顺利获得赔付。农户如没尽到作为投保人的义务，就极有可能得不到应获得的赔付。投保人在合同的履行过程中，应履行如实告知义务、支付保险费义务、通知义务、提供单证义务、防灾防损义务等。

（1）如实告知义务

如实告知是指投保人在订立保险合同时，应当将与保险标的有关的重要事实向保险人如实陈述，以便保险人判断是否承保或以何条件承保。所谓重要事实，是指影响保险人决定是否承保以及如何确定保险费率的事实。如实告知义务的履行主要体现在合同订立的过程中。这项义务体现了保险的最大诚信原则。如实告知义务是与保险人对保险条款内容的说明义务相对应的。投保人是告知义务人，除此之外，保险公司一般还会要求被保险人必须履行告知义务。但是，受益人不负有告知义务。保险人只有在投保人对其如实告知后，才能正确决定是否承保以及确定保险费率。因此，如实告知是投保人必须履行的基本义务，也是保险人实现其权利的必要条件。

在告知义务的时间和范围方面，我国实行的是询问回答告知，即投保人只须如实回答保险人的询问即可，一般不负有无限告知的义务。投保人应当告知的事项只包括投保人或被保险人知道或应当知道的、足以影响保险人决定是否同意承保或提高保险费率的重要事项，并且以保险人在投保书中列明的或在订立保险合同时询问的事项为限。如果投保人不履行告知义务或者作出不实告知，保险人有权解除保险合同。

（2）缴纳保险费的义务

缴纳保险费是投保人的法定义务。缴纳保险费是保险合同生效的条件，投保人必须按照约定的时间、地点和方式缴纳保险费。对于分期缴纳保险费的，保险费的定期、按时缴纳须更加重视，否则会导致合同失效。

(3) 通知义务

通知义务包括保险事故发生前危险增加的通知义务和保险事故发生时的通知义务。

保险事故发生前危险增加的通知义务。在保险合同中，危险增加是有特定含义的，它是指在订立保险合同时双方当事人未曾估计到的保险事故危险程度的增加。保险事故危险程度增加的原因一般有两个：一是由于投保人或被保险人的行为所致，如财产险中，改变保险标的的用途或使用性质；二是由于投保人或被保险人以外的原因所致，通常是自然条件、社会经济状况等发生变化。无论因何种原因导致危险增加，投保人在了解危险增加后应立即通知保险人，以便保险人采取行动。

我国《保险法》第五十二条规定："在合同有效期内，保险标的的危险程度显著增加的，被保险人应当按照合同约定及时通知保险人，保险人可以按照合同约定增加保险费或者解除合同。保险人解除合同的，应当将已收取的保险费，按照合同约定扣除自保险责任开始之日起至合同解除之日止应收的部分后，退还投保人。被保险人未履行前款规定的通知义务的，因保险标的的危险程度显著增加而发生的保险事故，保险人不承担赔偿保险金的责任。"

保险合同订立后，如果发生保险事故，投保人、被保险人或受益人应及时通知保险人。该义务的目的在于使保险人能够及时勘察现场、迅速调查事实真相、确定保险责任、采取措施处理保险事故，从而防止损失的进一步扩大，并使保险人有准备赔付保险金的必要时间；同时，履行该义务也是被保险人或受益人获得保险赔付的必要程序。

我国《保险法》第二十一条规定："投保人、被保险人或者受益人知道保险事故发生后，应当及时通知保险人。故意或者因重大过失未及时通知，致使保险事故的性质、原因、损失程度等难以确定的，保险人对无法确定的部分，不承担赔偿或者给付保险金的责任，但保险人通过其他途径已经及时知道或者应当及时知道保险事故发生的除外。”

（4）提供单证义务

提供单证义务是指向保险人索赔时应当提供并确认与保险事故的性质、原因、损失程度等相关的证明和资料，这些证明和资料既是保险金请求权利人向保险人索赔的依据，也是保险人判断责任范围和赔付保险金额的依据。

我国《保险法》第二十二条规定：“保险事故发生后，按照保险合同请求保险人赔偿或者给付保险金时，投保人、被保险人或者受益人应当向保险人提供其所能提供的与确认保险事故的性质、原因、损失程度等有关的证明和资料。”

（5）防灾防损义务

保险事故发生前，投保方应积极采取措施避免损失的发生；当约定的保险事故发生后，投保方不仅应及时通知保险人，还应采取各种必要的措施进行积极施救，以避免损失进一步扩大。对此，我国《保险法》第五十七条明确规定：“保险事故发生时，被保险人应当尽力采取必要的措施，防止或者减少损失。保险事故发生后，被保险人为防止或者减少保险标的的损失所支付的必要的、合理的费用，由保险人承担；保险人所承担的费用数额在保险标的损失赔偿金额以外另行计算，最高不超过保险金额的数额。”

## 七、保险合同的争议处理

由于保险合同双方当事人对合同有关条款和有关内容的理解往往出现一些分歧，所以保险合同在履行的过程中，常常会发生一些争议。对这些争议若处理不当，则会有损于当事人的利益，根据有关的法律，保险合同的争议处理方法有以下几种：协商、调解、仲裁、诉讼。

1. 协商

协商是保险合同双方当事人在互谅互让的基础上，按照法律、政策的规定和保险合同的要求，通过摆事实、讲道理来解决纠纷和争议，在此过程中双方都应该以实事求是的精神来解决问题。这种方法具有较大的灵活性，且双方关系友好，有利于合同的继续履行。

2. 调解

调解是由保险合同当事人双方都接受的第三方出面进行的，通常是在合同管理机关或法院的参与下，通过说服教育使双方自愿达成协议，平息争端。利用这种方法解决争议必须查清事实、分清是非责任，而且调解人应耐心地听取双方当事人的意见，指出当事人的过错，以使双方能在自觉自愿、互谅互让的基础上达成解决纠纷的调解协议。调解必须遵循法律、政策与平等自愿的原则，只有依法调解才能保证调解工作顺利进行，只要有一方不愿意调解，就不能调解。如果调解不成，或调解后又反悔，可以申请仲裁或直接向法院起诉。

3. 仲裁

仲裁是指国家行政机关专门设立的组织或民间设立的组织以第三方的身份对合同当事人双方的民事争议进行裁处并做出公断。当事人请求仲裁应在法律规定的时间内进行，并依据有关的仲裁法律进行，具有一裁终局、与法院裁决等同效力的特点。

4. 诉讼

诉讼是指保险合同的一方当事人按有关法律程序，通过法院对另一方提出权益主张，并要求法院予以解决和保护的请求的争议处理方法。当事人提起诉讼应该在法律规定的时间内进行，在我国《保险法》的第二十六条里有关于被保险人和受益人对保险金请求权的时效规定。该方法实行二审终审制度，法院有权强制执行判决。

5. 投诉

保监会是国家管理保险行业的机构，其全称为中国保险监督管理委员会，保监会在省一级的分支机构称为保监局，市一级称为分局。就像工商局管理农贸市场、公安局管理社会治安一样，农户如果认为保险公司侵害了自己的利益，可以向保监局进行反映和投诉。辽宁保监局的投诉电话是024–22596559、传真为024-22596571，受理全省大连以外各市对保险的有关投诉。大连保监局的投诉电话是0411-82563767、传真为0411-82823232，受理大连市辖区内对保险的有关投诉。中国保监会的维权投诉电话是12378，于2012年4月26日开通。

下文为中国保监会对投诉的有关规定，各地的投诉规定与之相近，都是在其基础上制定的。

小资料

**中国保监会信访投诉须知**

一、请认真填写姓名、住址和联系方式，以便我们进一步了解有关情况和回复处理意见。

二、您应当客观真实的提出信访事项，对所提供材料内容的真实性负责，不得捏造、歪曲事实，不得诬告、陷害他人。

三、信访事项应当有被信访人、投诉事实及理由，保险监督管理机构不受理漫无目的信访投诉。

四、为使您所提出的信访事项能够得到及时解决，请您遵守《中国保险监督管理委员会信访工作办法》的规定，向该信访事项的主管单位提出。

五、下列信访事项，请您向中国保监会提出：

（一）对保险业发展改革和保险监管工作提出意见、建议的；

（二）对中国保监会机关及其工作人员、派出机构及其负责人的职务行为提出异议的；

（三）反映保险公司、保险资产管理公司总公司及其高级管理人员的违反保险行政法律法规行为的；

（四）对全国性保险社会团体及其工作人员的职务行为提出异议，或者反映其有关情况，提出意见、建议，依照有关规定应当由中国保监会处理的。

六、下列信访事项，请您向被信访人所在地的保监局提出：

（一）对保监局负责人以外工作人员的职务行为提出异议的；

（二）反映当地保险公司、保险资产管理公司分支机构及其高级管理人员的违反保险行政法律法规行为的；

（三）反映当地保险代理机构、保险兼业代理机构、保险经纪机构、保险公估机构及其工作人员违反保险行政法律法规行为的；

（四）反映当地擅自设立保险公司、保险资产管理公司、保险中介机构和保险社会团体，或者非法经营保险业务和保险中介业务的；

（五）对当地保险社会团体及其工作人员的职务行为提出异议，或者反映其有关情况，提出意见、建议，依照有关规定应当由保监局处理的。

七、下列信访事项，中国保监会及各地保监局不予受理，请您向被信访人的上一级保险公司、保险资产管理公司或者保险中介机构提出：

（一）反映保险公司、保险资产管理公司或者保险中介机构工作人员违法违纪问题，但不涉及有关保险监管的法律、行政法规和中国保监会规定的；

（二）保险合同纠纷（包括理赔纠纷）、投保纠纷、营销和售后服务纠纷以及其他因保险经营行为引起的民事纠纷的；

（三）反映保险公司、保险资产管理公司、保险中介机构与其员工或者营销员的劳动合同纠纷、代理合同纠纷以及其他内部管理问题的；

（四）对保险产品的解释事项以及对保险公司、保险资产管理公司、保险中介机构经营状况的咨询。

八、下列信访事项，中国保监会及各地保监局不予受理：

（一）社会保险等依照有关规定应当由其他单位处理的；

（二）已经或者依法应当通过诉讼、仲裁、行政复议等法定途径解决的；

（三）有关国家机关已对信访人反映的问题做出最终处理决

定的。

九、反映中国保监会系统工作人员失职、渎职及其他违法、违纪行为的信访事项，请点击廉政举报栏提出。

十、中国保监会投诉电话是：010-66071530，12378。

## 八、如何避免保险合同纠纷

实践中，人们总结出若干种办法来避免保险合同纠纷，现归纳如下。

1. 独立挑选保险产品

决定买保险之前，先要搞清楚自己为什么要买这份保险。很多市民在挑选保险产品时过多地依赖代理人推荐，其实买保险与买其他商品一样，都要根据自己的实际需求来选。代理人的意见、方案只能起到推荐作用，每个家庭对保险的需求都不一样，有的希望增加保障，有的则是为了转嫁风险……不同需求搭配不同保险。亲朋好友的保险可以起参考作用，但在实际购买时要切实考虑自己家庭的经济情况、年龄结构、风险偏好、从事的生产种类等因素。

2. 认清保险的基本功能

时下保险理财盛行，也有人向农户进行这样的推销，很多人产生了“买保险就是为了多赚钱”的想法。为了迎合人们的这一心理，保险代理人上门兜售保险时着重宣传的是分红功能；银行柜面上代销的保险打出的广告是回报能有多高；在保险公司主推的产品中，几乎都带有分红性质，诸如此类的宣传造成了不少误导，让大家觉得买保险就是为了多赚钱。其实保险最基本的功能是保障，理财只是保险的附加功能。农户朋友不要被一些推销人员所诱惑，舍本逐末。

3. 如实告知不可隐瞒

据粗略统计，目前80%以上的保险拒赔案是由于客户在投保时没有“如实告知”引起的。保险合同有个重要原则，就是“如实告知”义务，农户投保时一个小小的“隐瞒”，往往就会失去日后索赔的权利。

特别需要提醒的是，很多农户认为自己口头告知过就可以了，业务员说在保单上可不填就不填，结果理赔时被指控“隐瞒”病情，保户觉得冤枉却无据反驳，最后只好被拒赔。要知道“如实告知”义务已经以法律形式被固定下来，任何人都不能豁免投保人不履行该义务。所以投保人一定要在合同上填明有关状况，否则保险公司可以以“隐瞒”为由拒赔。

4. 弄清保险条款的专用术语

由于农户的保险专业知识还比较匮乏，对保险条款中的某些专用术语往往会“想当然”地去理解，遇到不理解的一定要刨根问底。涉农保险中，除了保险术语外，还有气象、疫病等术语，有的与我们的日常理解并不一样，需要详细了解。

**小资料**

### 保险合同中的天气术语

农户进行种植保险，主要就是针对灾害性天气，农户的保险合同中经常会涉及到各种天气条件的术语，在介绍各种种植保险前，首先将各种包含在保险合同中的天气术语具体含义介绍如下，其后各种种植保险，就不再重复介绍了。

（1）暴雨：指降雨量每小时在16mm以上，或连续12小时降雨量达30mm以上，或连续24小时降雨量达50mm以上。

（2）洪水：指山洪暴发、江河泛滥、潮水上岸及倒灌或暴雨积水。规律性涨潮、海水倒灌、自动灭火设施漏水以及常年水位线以下或地下渗水、水管爆裂不属洪水责任。

（3）内涝：由于降水过多，地面积水不能及时排除，农田积水超过作物耐淹能力，造成作物减产。

（4）风灾：本条款的风灾责任是指8级以上大风，即风速在17.2米/秒以上即构成风灾责任。

(5) 雹灾：指在对流性天气控制下，积雨云中凝结生成的冰块从空中降落，造成作物严重的机械损伤而带来的损失。

(6) 冻灾：指因遇到0℃以下或长期持续在0℃以下的温度，引起植株体冰冻或是丧失一切生理活力，造成植株死亡或部分死亡等现象。

(7) 生荒地：新开垦的、种植时间在三年以下的土地。

(8) 重大过失：指行为人不但没有遵守法律规范对其较高要求，甚至连人们都应当注意并能注意的一般标准也未达到的行为。

(9) 旱灾：指因自然气候的影响，土壤水与农作物生长需水不平衡造成植株异常水分短缺，从而直接导致农作物减产或绝收损失的灾害。旱灾以县级以上农业部门和气象部门鉴定为准。

各地气象条件、地理条件不同，具体气象术语会有略所区别，实践中要加以注意，并可向保险公司咨询。

# 下篇 涉农保险实务

# 第四章　种植保险

## 农家保险

### 水稻保险助力辽宁农户

"马上就要插秧了，有了政府的农业保险补贴，我种地更有底了。"盘锦市兴隆台区兴海街道裴家村的张玉民种了10亩水稻，2009年5月，他与中国人民财产保险股份有限公司盘锦分公司签署了水稻种植业保险合同。由于有政府补贴80%的保费，他每亩只要交6.4元，就可以获得最高400元的赔偿。据统计，2009年5月盘锦市已经有7万亩水稻签订了水稻种植保险合同。

在更早的4月20日，旨在提高农业抗风险能力的水稻种植保险在辽阳市也全面启动。据介绍，此次辽阳市的水稻种植保险的保费由中央、省、市、县四级财政给予80%的补贴，其余20%的保费由农户自行承担。当年，辽阳市水稻种植农户只要缴纳每亩6.4元的保险费，即可同时享有水稻种植业基本险、附加旱灾损失险和附加病虫害损失险等保险。

种植业是农业的主要组成部分之一，利用植物的生活机能，通过人工培育以取得粮食、副食品、饲料和工业原料。种植业包括各种农作物、林木、果树等植物的栽培。具体有蔬菜作物、粮食作物、经济作物、绿肥作物、饲料作物、园艺作物等。在我国，通常指粮、棉、油、糖、麻、丝、烟、茶、果、药、杂等作物的生产。在科技、经济飞速发展的今天，无论中国还是世界其他国家，基本的种植业仍然受到各国的重视。我国多年以来，一直强调“无粮不稳”，就是强调不能忽视种植业的这一重要的基础性作用。

## 一、蔬菜种植保险

农户田间地头种植蔬菜是很普遍的，在保险领域，蔬菜保险分为露地蔬菜保险和大棚蔬菜保险，本节介绍的是露地蔬菜种植的保险。

1. 可保蔬菜的范围

凡露地蔬菜种植的所有者、管理者均可作为投保人，将符合下列条件种植的露地蔬菜（简称保险蔬菜），作为保险标的向保险公司投保：

（1）符合当地普遍采用的种植规范和技术管理要求，种植密度达到当地农业技术部门规定的标准；

（2）经过政府部门审定的合格品种，且已种植 1 年以上；

（3）种植场所在当地洪水水位线以上的非蓄洪区、行洪区；

（4）种植面积 5 亩以上的蔬菜，生长正常。

投保人应将其所有或管理的，符合上述条件的种植露地蔬菜全部投保，不得选择投保。

下列种植的露地蔬菜不属于保险标的：

（1）种植在房前屋后的零星土地、自留地、堤外地、生荒地的；

（2）种植场所在当地蓄洪、行洪区内的；

（3）不符合保险合同规定的其他情形。

露地蔬菜保险的保险责任期间自保险蔬菜苗齐或移栽成活后起，至开始采摘收获时止，但不得超出保险单载明的保险期间范围。

2. 保险责任

在保险期间内，由于下列原因直接造成保险蔬菜的损失，损失率达到 20% 以上的，保险公司按照保险合同的约定负责赔偿：

（1）暴雨、洪水（政府行蓄洪除外）、内涝；

（2）风灾、雹灾；

（3）冻灾。

下列原因造成的损失、费用，保险公司不负责赔偿：

（1）投保人及其家庭成员、被保险人及其家庭成员、投保人或被保险人雇用人员的故意行为、重大过失、管理不善；

（2）行政行为或司法行为；

（3）战争、军事行动；

（4）发生保险责任范围内的损失后，被保险人自行毁掉或放弃保险蔬菜种植或改种其他作物的；

（5）采用不成熟的管理技术，或不接受农业生产管理部门的技术指导。

下列损失、费用，保险公司也不负责赔偿：

（1）间种或套种的其他作物的损失；

（2）灾害发生时或灾后，投保人、被保险人投入的直接或间接费用；

（3）按保险合同中载明的免赔率计算的免赔额。

3. 保险金额与保险费率

保险蔬菜的每亩保险金额参照保险蔬菜生长期内所发生的直接物化成本，包括：种子、化肥、农药、灌溉、机耕和地膜成本，由投保人与保险公司协商确定，并在保险单中载明，但最高不得超过当地平均水平的80%。有关计算公式为：

保险金额=每亩保险金额×保险面积

保险面积以保险单载明为准。

每次事故的免赔率为20%。

保险费的计算公式为：

保险费=保险金额×保险费率

4. 赔偿处理

（1）赔偿计算

保险蔬菜遭受损失后，如果有残余价值，应由双方协商处理。如折归被保险人的，由双方协商确定其价值，并在保险赔款中扣除。

保险蔬菜发生保险责任范围内的损失，保险公司按以下方式计算赔偿：

①全部损失。全部损失按不同生长期确定赔偿金额，发生全部损失经一次性赔付后，保险责任自行终止。

茄（荚、瓜、果类）露地蔬菜各生长期最高赔偿比例见表4—1，有关计算公式为：

赔款金额=每亩保险金额×出险当期赔偿比例×受灾面积×（1-免赔率）

表4—1 **茄（荚、瓜、果）类露地蔬菜各生长期最高赔偿比例**

| 生长期 | 出险当期最高赔偿比例 |
|---|---|
| 苗床期 | 30% |
| 移栽后至定植 | 50% |
| 定植后至开花 | 70% |
| 结茄（荚、瓜、果）期 | 90% |
| 收获采摘开始 | 100% |

②部分损失。在发生部分损失时，保险公司在现场查勘后进行核定损失并登记；若农作物连续受损，保险公司按照最后一次受损的现场查勘确定损失。有关计算公式为：

$$\text{赔款金额}=\text{每亩保险金额}\times\text{出险当期赔偿比例}\times(\text{承保产量}-\text{实际产量})\div\text{承保产量}\times\text{受灾面积}\times(1-\text{免赔率})$$

承保产量由承保时双方约定，或按承保当地（县级）统计部门公布的该保险作物前三年平均产量确定。

（2）索赔时提交的单证

被保险人请求赔偿时，应向保险公司提供下列证明和资料：

①保险单正本和分户清单；

②索赔申请书和损失清单；

③县级以上气象部门出具的气象证明；

④投保人、被保险人所能提供的与确认保险事故的性质、原因、损失程度等有关的其他证明和资料。

5. 注意事项

农户投保后，还需注意履行一些义务，否则会影响取得赔偿的数额，最严重的甚至可能得不到赔偿。有关义务包括：

（1）如实告知义务。订立保险合同，保险公司就保险蔬菜或者被保险人的有关情况提出询问的，投保人应当如实告知。同时，投保人须如实提供保险蔬菜基本情况和生产技术管理的资料。

（2）及时、足额交清保费。除另有约定外，投保人应在保险合同成立时交清保险费。保险费交清前发生的保险事故，保险公司不承担赔偿责任。

（3）妥善管理义务。被保险人应当遵守国家以及地方有关管理的规定，搞好管理，接受农业有关部门和保险公司的防灾检查及合理建议，切实做好安全防灾防损工作，维护保险蔬菜的安全。

（4）尽力救灾义务。保险事故发生后，农户不能坐等保险赔偿，而是必须尽力采取救灾措施，否则可能影响赔偿。需采取的救灾措施包括：

①尽力采取必要、合理的措施，防止或减少损失，否则，对因此扩大的损失，保险公司不承担赔偿责任。

②及时通知保险公司，并书面说明事故发生的原因、经过和损失情况；因故意或重大过失未及时通知，致使保险事故的性质、原因、损失程度等难以确定的，保险公司对无法确定的部分，不承担赔偿责任；但保险公司通过其他途径已经及时知道或者应当及时知道保险事故发生的除外。

③保护事故现场，允许并且协助保险公司进行事故调查。

## 二、粮食作物种植保险

粮食作物种植保险是最普遍的农业保险，各地开办了不同种类的这种保险，涉及的农作物主要有：水稻、玉米、小麦。

1. 水稻种植保险

(1) 可保水稻的范围

凡水稻种植的所有者、管理者均可作为投保人，将符合下列条件种植的水稻（以下简称保险水稻），作为保险标的向保险公司投保：

①符合当地普遍采用的种植规范和技术管理要求，种植密度达到当地农业技术部门规定的标准；

②经过政府部门审定的合格品种，且已种植一年以上；

③种植场所在当地洪水水位线以上的非蓄洪区、行洪区；

④生长正常。

投保人应将其所有或管理的，符合上述条件的种植水稻全部投保，不得选择投保，即不能对同一地块的水稻保其中的一块或几块，必须成块全部投保。另外，种植在房前屋后的零星土地、自留地、堤外地、生荒地的水稻，种植场所在当地蓄洪、行洪区内的水稻不能投保。

水稻种植保险的保险责任期间自保险水稻苗齐或移栽成活后起，至成熟开始收获时止，但不得超出保险单载明的保险期间范围。

(2) 保险责任

在保险期间内，由于下列原因直接造成保险水稻的损失，损失率达到20%以上的，保险公司按照保险合同的约定负责赔偿：暴雨、洪水（政府行蓄洪除外）、内涝；风灾、雹灾；冻灾。

下列原因造成的损失、费用，保险公司不负责赔偿：

①投保人及其家庭成员、被保险人及其家庭成员、投保人或被保险人雇用人员的故意行为、重大过失、管理不善；

②行政行为或司法行为；

③战争、军事行动；

④发生保险责任范围内的损失后，被保险人自行毁掉或放弃保险水稻种植或改种其他作物的；

⑤采用不成熟的管理技术，或不接受农业生产管理部门的技术指导；

⑥间种或套种的其他作物的损失；

⑦灾害发生时或灾后，投保人、被保险人投入的直接或间接费用；

⑧按保险合同中载明的免赔率计算的免赔额。

农户在知道保险事故发生后，要注意采取以下措施：

①尽力采取必要、合理的措施，防止或减少损失，否则，对因此扩大的损失，保险公司不承担赔偿保险金的责任。

②及时通知保险公司，并书面说明事故发生的原因、经过和损失情况；故意或者因重大过失未及时通知，致使保险事故的性质、原因、损失程度等难以确定的，保险公司对无法确定的部分，不承担赔偿保险金的责任，但保险公司通过其他途径已经及时知道或者应当及时知道保险事故发生的除外。

③保护事故现场，允许并且协助保险公司进行事故调查。对于拒绝或者妨碍保险公司进行事故调查导致无法认定事故原因或核实损失情况的，保险公司对无法确定或核实的部分不承担赔偿责任。

(3) 保险金额与保险费

保险水稻的每亩保险金额参照保险水稻生长期内所发生的直接物化成本，包括：种子、化肥、农药、灌溉、机耕和地膜成本，由投保人与保险公司协商确定，并在保险单中载明，但最高不得超过当地平均水平的80%。保险金额的计算公式为：

保险金额=每亩保险金额×保险面积

其中，每亩水稻的保险金额一般为240～300元；保险面积以保险单载明的为准。另外，每次事故的免赔率为10%～20%，各地各公司对免赔率的规定会有所差别，例如，中保财险公司合同中规定的免赔率为20%。

因地区不同，每亩水稻的保险费率为5%～7%。

(4) 附加险

附加险是相对于主险（基本险）而言的，顾名思义，就是指附加在主险合同下的附加保险。它不可以单独投保，要购买附加险必须先购买主险。一般来说，附加险所交的保险费比较少，但它的存在是以主险存在为前提的，不能脱离主险。各种作物不同，附加险也会有所区别。

中国人保财险公司为水稻种植保险（主险）提供附加险，农户投保了主险，就可投保旱灾附加险。在保险期间内，由于旱灾造成保险水稻的损失，损失率达到70%以上（含），保险公司按照附加险的约定负责赔偿。其免除责任为，由于人为造成水土失控、作物面积超出水量或人为原因造成水量减少导致保险水稻的损失，保险公司不负责赔偿。

保险水稻在附加险项下的每亩保险金额不能超过主险每亩保险金额的50%，具体金额由投保人与保险公司协商确定，并在保险合同中载明。

发生附加保险责任范围内的损失，保险公司根据损失面积与本附加险项下的每亩保险金额，按照主险赔偿处理方式计算赔偿。

根据旱灾发生频率及损失程度不同，中国人保财险公司将全国31个省区市旱灾风险分为三类，具体如下：一类地区包括内蒙古、吉林、辽宁、天津、河北、山东、山西、陕西、宁夏、甘肃、四川、重庆、青海；二类地区包括黑龙江、北京、河南、安徽、湖北、湖南、贵州、广西、西藏；三类地区包括江苏、浙江、上海、福建、江西、广东、海南、云南、新疆。旱灾附加险的保险费率为：一类地区3%~5%；二类地区3%~4%；三类地区2%~3%。可见，辽宁属于一类地区，旱灾附加险的保险费率为3%~5%。

附加险的保险费计算公式为：

保险费=每亩保险金额（元/亩）×保险费率×保险面积（亩）

（5）赔偿处理

发生保险责任范围内的事故后，农户请求赔偿时，应向保险公司提供下列证明和资料：

①保险单正本和分户清单；

②索赔申请书和损失清单；

③县级以上气象部门出具的气象证明；

④投保人、被保险人所能提供的与确认保险事故的性质、原因、损失程度等有关的其他证明和资料。

被保险人向保险公司请求赔偿的诉讼时效期间为2年，自其知道或者应当知道保险事故发生之日起计算。

农户未履行保险合同中约定的义务，导致保险公司无法核实损失情况的，保险公司对无法核实的部分不承担赔偿责任。

保险水稻遭受损失后，如果有残余价值，应由双方协商处理。如折归被保险人的，由双方协商确定其价值，并在保险赔款中扣除。

保险水稻发生保险责任范围内的损失，保险公司按以下方式计算赔偿：

①全部损失。全部损失按不同生长期确定赔偿金额，发生全部损失经一次性赔付后，保险责任自行终止。

赔款金额=每亩保险金额×出险当期赔偿比例×受灾面积×（1-免赔率）

②部分损失。在发生部分损失时，保险公司在现场查勘后进行核定损失并登记；若农作物连续受损，保险公司按照最后一次受损的现场查勘确定损失。

$$\text{赔款金额}=\text{每亩保险金额}\times\text{出险当期赔偿比例}\times(\text{承保产量}-\text{实际产量})/\text{承保产量}\times\text{受灾面积}\times(1-\text{免赔率})$$

承保产量由承保时双方约定，或按承保当地（县级）统计部门公布的该保险作物前三年平均产量确定。

水稻各生长期最高赔偿比例是不同的，详见表4—2：

表4—2　**水稻各生长期最高赔偿比例**

| 生长期 | 出险当期最高赔偿比例 |
|---|---|
| 苗齐 | 30% |
| 分蘖—拔节 | 50% |
| 抽穗—扬花 | 70% |
| 灌浆 | 90% |
| 成熟 | 100% |

发生保险事故时，保险单载明的保险面积小于其可保面积时，可以区分保险面积与非保险面积的，保险公司以保险单载明的保险面积为赔偿计算标准；无法区分保险面积与非保险面积的，保险公司按保险单载明的保险面积与可保面积的比例计算赔偿。保险单载明的保险面积大于其可保面积时，保险公司以可保面积为赔偿计算标准。

（6）注意事项

有关注意事项与蔬菜保险基本相同，主要为：如实告知；及时、足额交清保费；妥善管理；发生保险事故后需尽力救灾。在此不再重复。

**小资料**

**2011年××县××乡××村水稻种植保险协议（范本）**

甲方：××乡（镇）××村委会

乙方：中国人民财产保险股份有限公司××支公司

根据《关于做好2011年水稻保险工作的通知》（闽农计［2011］号）精神，经甲乙双方协商一致，达成以下水稻保险试点协议，以资共同遵守：

**一、保险标的：** 2011年本××乡（镇）××村范围内种植的水稻。

甲方为投保人，水稻种植户为被保险人。

**二、保险责任：** 在水稻移栽返青后至成熟期间，因低温、干旱、暴雨、洪水（政府行蓄洪除外）、大风、冰雹、滑坡、泥石流、病虫害造成保险水稻的灭失、死亡以及植株损失率达到50%（含）以上时，乙方按照本保险的赔偿处理办法负责赔偿。

**三、保险数量：** 投保水稻的种植面积共计××亩，详见本协议附表（2011年度××乡（镇）××村投保水稻清单）。

**四、保险金额：** 按播种面积，每亩300元，总保险金额××××元。

**五、保险费率：**4%。按播种面积，每亩保险费12元。

**六、总保险费：**×××元

总保险费中政府补贴80%，即每亩9.6元，合计补贴保险费×××元。

总保险费中水稻种植户承担20%，即每亩2.4元，合计××元。

**七、投保和缴费方式**

由甲方按照本协议保险收费标准，统一向各村收取水稻种植户应承担的保险费，一次性向乙方缴纳。

各村参保种植户应将所有水稻种植面积全部投保。

乙方收到甲方保费和投保水稻清单后，向甲方出具收据和保险单。

**八、赔偿标准**

（一）因自然灾害和病虫害造成水稻灭失、死亡70%（含）以上损失的，按下式计算赔款：

赔款=亩保额×损失面积×生长期赔偿比例

生长期赔偿比例：返青期60%，分蘖期80%，孕穗抽穗期100%。

（二）因自然灾害或病虫害造成水稻损失率50%（含）以上、70%以下的，按保险金额的80%赔款，即每亩赔款240元。

损失率=每亩损失的植株数量÷每亩种植的植株数量

（三）如果种植户水稻实际种植面积大于投保水稻面积，按投保水稻面积与实际种植面积比例赔付。

**九、赔偿方式**

（一）乙方接到出险报案后，会同甲方和本县农业局技术人员共同前往查勘定损。乙方在损失确定后10日内，将保险赔款汇往甲方账户。

（二）甲方应积极配合乙方做好理赔工作，收到保险赔款后，及时做好保险赔款的公示和发放工作。

十、其他

本协议一式二份，双方各执一份为凭，具有同等效力。

甲方：××乡（镇）××村委会

乙方：中国人民财产保险股份有限公司××支公司

| 签字：（盖章） | 签字：（盖章） |
| --- | --- |
| 2011年××月××日 | 2011年××月××日 |

2. 玉米种植保险

（1）可保玉米的范围

凡玉米种植的所有者、管理者均可作为投保人，将符合下列条件种植的玉米（简称保险玉米），作为保险标的向保险公司投保：

①符合当地普遍采用的种植规范和技术管理要求，种植密度达到当地农业技术部门规定的标准；

②经过政府部门审定的合格品种，且已种植一年以上；

③种植场所在当地洪水水位线以上的非蓄洪区、行洪区；

④生长正常。

投保人应将其所有或管理的，符合上述条件的种植玉米全部投保，不得选择投保。

下列种植玉米不属于保险标的：种植在房前屋后的零星土地、自留地、堤外地、生荒地的；种植场所在当地蓄洪、行洪区内的；不符合合同规定的其他情形。

玉米种植保险的保险责任期间自保险玉米苗齐或移栽成活后起，至成熟开始收获时止，但不得超出保险单载明的保险期间范围。

（2）保险责任

在保险期间内，由于下列原因直接造成保险玉米的损失，损失率达到30%以上的，保险公司按照保险合同的约定负责赔偿：暴雨、洪水（政府行蓄洪除外）、内涝；风灾、雹灾；冻灾。

下列原因造成的损失、费用，保险公司不负责赔偿：

①投保人及其家庭成员、被保险人及其家庭成员、投保人或被保险人雇用人员的故意行为、重大过失、管理不善；

②行政行为或司法行为；

③战争、军事行动；

④发生保险责任范围内的损失后，被保险人自行毁掉或放弃保险玉米种植或改种其他作物的；

⑤采用不成熟的管理技术，或不接受农业生产管理部门的技术指导；

⑥间种或套种的其他作物的损失；

⑦灾害发生时或灾后，投保人、被保险人投入的直接或间接费用；

⑧玉米保险免赔率一般为20%。

另外，知道保险事故发生后，农户应该采取一定措施，而不能坐等保险公司赔偿，否则可能影响赔偿。需要采取措施与蔬菜保险类似，即尽力防止或减少损失、及时通知保险公司、保护事故现场。

（3）保险金额与保险费率

保险玉米的每亩保险金额参照保险玉米生长期内所发生的直接物化成本，包括：种子、化肥、农药、灌溉、机耕和地膜成本，由投保人与保险公司协商确定，并在保险单中载明，但最高不得超过当地平均水平的80%。保险金额的计算公式为：

保险金额=每亩保险金额×保险面积

其中，保险面积以保险单载明为准。

保险费的计算公式为：

保险费=保险金额×保险费率

（4）附加险

玉米种植保险一般也有附加险，农户投保了玉米种植保险，就可投保附加险。玉米附加险有旱灾附加险和病虫害附加险。在保险期间内，由于旱灾或病虫害，使玉米损失率达到80%以上，保险公司按照附加险约定负责赔偿。

同主险一样，在附加险下，下列原因造成的损失、费用，保险公司不负责赔偿：由于人为造成水土失控；作物播种面积超出常年灌溉用水量或人为原因造成水量减少导致保险玉米的损失，保险公司不负责赔偿。

保险玉米在旱灾、病虫害附加险项下的每亩保险金额不得超过主险每亩保险金额的 50%，具体金额由投保人与保险公司协商确定，并在保险单中载明。

附加保险责任范围内的损失一旦发生，保险公司根据损失面积与附加险项下的每亩保险金额，按照主险赔偿处理方式计算赔偿。

（5）赔偿处理

被保险人请求赔偿时，应向保险公司提供下列证明和资料：

①保险单正本和分户清单；

②索赔申请书和损失清单；

③县级以上气象部门出具的气象证明；

④投保人、被保险人所能提供的与确认保险事故的性质、原因、损失程度等有关的其他证明和资料。

保险玉米发生保险责任范围内的损失，保险公司按以下方式计算赔偿：

①全部损失。全部损失按不同生长期确定赔偿金额，发生全部损失经一次性赔付后，保险责任自行终止。计算公式为：

赔款金额＝每亩保险金额×出险当期赔偿比例×受灾面积×（1-免赔率）

②部分损失。在发生部分损失时，保险公司在现场查勘后进行核定损失并登记；若农作物连续受损，保险公司按照最后一次受损的现场查勘确定损失。计算公式为：

$$\text{赔款金额}=\text{每亩保险金额}\times\text{出险当期赔偿比例}\times(\text{承保产量}-\text{实际产量})\div\text{承保产量}\times\text{受灾面积}\times(1-\text{免赔率})$$

承保产量由承保时双方约定，或按承保当地（县级）统计部门公布的该保险作物前三年平均产量确定。

玉米各生长期最高赔偿比例是不同的，详见表4—3：

表4—3　**玉米各生长期最高赔偿比例**

| 生长期 | 出险当期最高赔偿比例 |
|---|---|
| 苗齐—拔节前 | 30% |
| 拔节—抽雄前 | 50% |
| 抽雄—开花前 | 70% |
| 开花—吐丝前 | 80% |
| 吐丝—成熟前 | 90% |
| 成熟—收获前 | 100% |

（6）注意事项

有关注意事项与蔬菜保险基本相同，主要为：如实告知；及时、足额交清保费；妥善管理；尽力救灾。在此不再重复。

**小资料**

**作物种植保险合同范本**

保险单号码：____________

被保险人：____________　　户数：____________

鉴于________（以下称被保险人）已向本公司投保________作物保险基本险以及附加险，并按本保险条款约定交纳保险费，本公司特签发本保险单并同意依照________作物种植基本险和附加险条款及其特别约定条件，承担被保险人________作物的保险责任。

种植时间________年________月________日

种植地点及方位____________________

东经：____°____′____″—____°____′____″；北纬：____°____′

____"—____°____'____"

总保险面积（亩）：__________

基本险

保险产量__________（千克/亩）

约定单价__________（元/千克）

保险金额__________（元/亩）

保险费率__________（%）

保险费__________（元/亩）

附加险

总保险金额（大写）：__________（小写）：__________

总保险费（大写）：__________（小写）：__________

保险责任期限：__________

特别约定：__________

被保险人地址：__________　　保险公司（签章）__________

联系人：__________　　地址：__________

电话：__________　　邮政编码：__________

邮政编码：__________　　电话：__________

______年______月______日　　______年______月______日

经（副）理：____会计：____　复核：________制单：________

## 三、经济作物种植保险

经济作物种植在农村也很普遍，各地相应开办了不同种类的经济作物种植保险，涉及的农作物主要有大豆、花生、棉花。

1. 大豆种植保险

大豆作为主要的油料作物，在北方种植较为普遍。在此，对有关大豆种植保险作以详细介绍。

(1) 可保大豆的范围

符合下列条件的大豆可作为保险标的，即可以进行投保：

①经过政府部门审定的合格品种，符合当地普遍采用的种植规范标准和技术管理要求；

②种植场所在当地洪水水位线以上的非蓄洪区、行洪区；

③生长正常。

投保人应将符合上述条件的大豆全部投保，不得选择投保。大豆与玉米套种能通过大豆的固氮作用为玉米提供肥料，所以两者经常套种，但间种或套种的其他作物，不属于大豆种植保险的保险范围。

大豆种植保险的保险责任期间自所保的大豆定苗时起，至大豆收获离开田间时止，但不得超出保险单载明的保险期间范围。

(2) 保险责任

在保险期间内，由于下列原因直接造成保险大豆的损失，且损失率达到30%（含）以上的，保险公司按照保险合同的约定负责赔偿：

①暴雨、洪水（政府行蓄洪除外）、内涝；

②风灾、雹灾；

③冻灾。

下列原因造成的损失、费用，保险公司不负责赔偿：

①投保人及其家庭成员、被保险人及其家庭成员、投保人或被保险人雇用人员的故意行为、重大过失、管理不善；

②行政行为或司法行为；

③发生保险责任范围内的损失后，被保险人自行毁掉或放弃种植保险大豆；

④按保险合同载明的免赔率计算的免赔额；

⑤其他不属于保险责任范围内的损失、费用。

(3) 保险金额与免赔率

保险大豆的每亩保险金额参照保险大豆生长期内所发生的直接物

化成本，包括种子成本、化肥成本、农药成本、灌溉成本、机耕成本和地膜成本，由投保人与保险公司协商确定，并在保险单中载明。保险金额的计算公式为：

保险金额=每亩保险金额×保险面积

保险面积以保险单载明为准。

大豆种植保险每次事故的免赔率为10%。

（4）附加保险

大豆的附加保险包括旱灾附加保险和病虫害附加保险。农户投保大豆种植保险后，即可投保这两种附加险。

在保险期间内，由于旱灾或病虫害直接造成保险大豆损失，损失率达到70%以上，保险公司负责赔偿。

下列原因造成的损失、费用，保险公司不负责赔偿：由于人为造成水土失控；作物播种面积超出常年灌溉用水量或人为原因造成水量减少导致保险大豆的损失。

发生附加保险责任范围内的损失，保险公司根据损失面积与本附加险项下的每亩保险金额，按照主险赔偿处理方式计算赔偿。

（5）赔偿处理

被保险人请求赔偿时，应向保险公司提供下列证明和资料：

①保险单正本；

②索赔申请书；

③损失清单；

④投保人、被保险人所能提供的与确认保险事故的性质、原因、损失程度等有关的证明和资料。

保险大豆发生保险责任范围内的损失，保险公司按以下方式计算赔偿：

$$\text{赔偿金额}=\frac{\text{不同生长期的}}{\text{最高赔偿标准}}\times\text{损失率}\times\frac{\text{受损}}{\text{面积}}\times(1-\text{免赔率})$$

$$\text{损失率}=\frac{\text{单位面积植株损失数量（或平均损失产量）}}{\text{单位面积平均植株数量（或平均正常产量）}}$$

大豆不同生长期的最高赔偿标准见表4—4。

表4—4　　大豆不同生长期的最高赔偿标准

| 生长期 | 每亩最高赔偿标准 |
| --- | --- |
| 萌动至始花前 | 每亩保险金额的40% |
| 始花至终花前 | 每亩保险金额的80% |
| 终花至成熟结束 | 每亩保险金额的100% |

在发生损失后难以立即确定损失率的情况下，实行两次定损。第一次定损先将灾情和初步定损结果记录在案，经一定时间观察期后二次定损，以确定确切损失程度。

(6) 注意事项

有关注意事项与前文基本相同，主要为：如实告知；及时、足额交清保费；妥善管理；尽力救灾务。在此不再重复。

2. 花生种植保险

现在，花生油因为味道清香而受到广大居民越来越多的欢迎，花生种植也越来越多，这里对花生种植保险加以介绍。

(1) 可保花生的范围

凡花生种植的所有者、管理者均可作为投保人，将符合下列条件种植的花生作为保险标的向保险公司投保：

①符合当地普遍采用的种植规范和技术管理要求，种植密度达到当地农业技术部门规定的标准；

②经过政府部门审定的合格品种，且已种植一年以上；

③种植场所在当地洪水水位线以上的非蓄洪区、行洪区；

④生长正常。

投保人应将其所有或管理的，符合上述条件的种植花生全部投保，不得选择投保。

下列种植花生不属于保险标的：

①种植在房前屋后的零星土地、自留地、堤外地、生荒地的；

②种植场所在当地蓄洪区、行洪区内的；

花生种植保险的保险责任期间自保险花生苗齐后起，至成熟开始收获时止，但不得超出保险单载明的保险期间范围。

（2）保险责任

在保险期间内，由于下列原因直接造成保险花生的损失，损失率达到20%以上的，保险公司按照保险合同的约定负责赔偿：

①暴雨、洪水（政府行蓄洪除外）、内涝；

②风灾、雹灾；

③冻灾。

下列原因造成的损失、费用，保险公司不负责赔偿：

①投保人及其家庭成员、被保险人及其家庭成员、投保人或被保险人雇用人员的故意行为、重大过失、管理不善；

②行政行为或司法行为；

③战争、军事行动；

④发生保险责任范围内的损失后，被保险人自行毁掉或放弃保险花生种植或改种其他作物的；

⑤采用不成熟的管理技术，或不接受农业生产管理部门的技术指导；

⑥间种或套种的其他作物的损失；

⑦灾害发生时或灾后，投保人、被保险人投入的直接或间接费用；

⑧按保险合同中载明的免赔率计算的免赔额。

（3）保险金额与免赔率

保险花生的每亩保险金额参照保险花生生长期内所发生的直接物化成本，包括种子、化肥、农药、灌溉、机耕和地膜成本，由投保人与保险公司协商确定，并在保险单中载明，但最高不得超过当地平均水平的80%。保险金额的计算公式为：

保险金额=每亩保险金额×保险面积

保险面积以保险单载明为准。

花生种植保险每次事故的免赔率为20%。

（4）附加保险

花生的附加保险包括旱灾附加保险和病虫害附加保险，农户投保花生种植保险后，即可投保这两种附加险。

在保险期间内，由于旱灾或病虫害直接造成保险花生损失，损失率达到70%以上，保险公司负责赔偿。

下列原因造成的损失、费用，保险公司不负责赔偿：由于人为造成水土失控；作物播种面积超出常年灌溉用水量或人为原因造成水量减少导致保险花生的损失，保险公司不负责赔偿。

发生附加保险责任范围内的损失，保险公司根据损失面积与本附加险项下的每亩保险金额，按照主险赔偿处理方式计算赔偿。

（5）赔偿处理

保险事故发生时，保险花生遭受损失后如果有残余价值，应由双方协商处理。如折归被保险人的，由双方协商确定其价值，并在保险赔款中扣除。

保险花生发生保险责任范围内的损失，保险公司按以下方式计算赔偿：

①全部损失。全部损失按不同生长期确定赔偿金额，发生全部损失经一次性赔付后，保险责任自行终止。计算公式为：

赔款金额＝每亩保险金额×出险当期赔偿比例×受灾面积×（1－免赔率）

②部分损失。在发生部分损失时，保险公司在现场查勘后进行核定损失并登记；若农作物连续受损，保险公司按照最后一次受损的现场查勘确定损失。计算公式为：

$$\text{赔款金额}=\text{每亩保险金额}\times\text{出险当期赔偿比例}\times(\text{承保产量}-\text{实际产量})\div\text{承保产量}\times\text{受灾面积}\times(1-\text{免赔率})$$

承保产量由承保时双方约定，或按承保当地（县级）统计部门公布的该保险作物前三年平均产量确定。

花生各生长期最高赔偿比例见表4—5。

表4—5　　花生各生长期最高赔偿比例

| 生长期 | 出险当期最高赔偿比例 |
| --- | --- |
| 苗期 | 30% |
| 开花下针期 | 50% |
| 结荚期 | 70% |
| 成熟期 | 100% |

被保险人请求赔偿时，应向保险公司提供下列证明和资料：

①保险单正本和分户清单；

②索赔申请书和损失清单；

③县级以上气象部门出具的气象证明；投保人、被保险人所能提供的与确认保险事故的性质、原因、损失程度等有关的其他证明和资料。

(6) 注意事项

有关注意事项与前文基本相同，主要为：如实告知；及时、足额交清保费；妥善管理；尽力救灾。在此不再重复。

3. 棉花种植保险

(1) 可保棉花的范围

凡棉花种植的所有者、管理者均可作为投保人，将符合下列条件种植的棉花作为保险标的向保险公司投保：

①符合当地普遍采用的种植规范和技术管理要求，种植密度达到当地农业技术部门规定的标准；

②经过政府部门审定的合格品种，且已种植一年以上；

③种植场所在当地洪水水位线以上的非蓄洪区、行洪区；

④生长正常。

投保人应将其所有或管理的，符合上述条件的种植棉花全部投保，不得选择投保。

下列种植棉花不属于保险标的：种植在房前屋后的零星土地、自留地、堤外地、生荒地的；种植场所在当地蓄洪区、行洪区内的。

棉花种植保险合同的保险责任期间自所保棉花苗齐或移栽成活后起，至成熟开始采摘时止，但不得超出保险单载明的保险期间范围。

(2) 保险责任

在保险期间内，由于下列原因直接造成保险棉花的损失，损失率达到20%以上的，保险公司按照保险合同的约定负责赔偿：暴雨、洪水（政府行蓄洪除外）、内涝；风灾、雹灾；冻灾。

下列原因造成的损失、费用，保险公司不负责赔偿：

①投保人及其家庭成员、被保险人及其家庭成员、投保人或被保险人雇用人员的故意行为、重大过失、管理不善；

②行政行为或司法行为；

③战争、军事行动；

④发生保险责任范围内的损失后，被保险人自行毁掉或放弃保险棉花种植或改种其他作物的；

⑤采用不成熟的管理技术，或不接受农业生产管理部门的技术指导；

⑥间种或套种的其他作物的损失；

⑦灾害发生时或灾后，投保人、被保险人投入的直接或间接费用。

(3) 保险金额与免赔率

保险棉花的每亩保险金额参照保险棉花生长期内所发生的直接物化成本，包括种子、化肥、农药、灌溉、机耕和地膜成本，由投保人与保险公司协商确定，并在保险单中载明，但最高不得超过当地平均水平的80%。保险金额的计算公式为：

保险金额=每亩保险金额×保险面积

保险面积以保险单载明为准。

棉花种植保险每次事故的免赔率为20%。

(4) 附加保险

棉花的附加保险包括旱灾附加保险和病虫害附加保险。农户投保棉花种植保险后，即可投保这两种附加险。在保险期间内，由于旱灾或病虫害直接造成保险棉花损失，损失率达到70%以上，保险公司负责赔偿。下列原因造成的损失、费用，保险公司不负责赔偿：由于人为造成水土失控；作物播种面积超出常年灌溉用水量或人为原因造成水量减少导致保险棉花的损失，保险公司不负责赔偿。发生附加保险责任范围内的损失，保险公司根据损失面积与本附加险项下的每亩保险金额，按照主险赔偿处理方式计算赔偿。

（5）赔偿处理

被保险人请求赔偿时，应向保险公司提供下列证明和资料：

①保险单正本和分户清单；

②索赔申请书和损失清单；

③县级以上气象部门出具的气象证明；投保人、被保险人所能提供的与确认保险事故的性质、原因、损失程度等有关的其他证明和资料。

保险棉花发生保险责任范围内的损失，保险公司按以下方式计算赔偿：

①全部损失。全部损失按不同生长期确定赔偿金额，发生全部损失经一次性赔付后，保险责任自行终止。计算公式为：

赔款金额=每亩保险金额×出险当期赔偿比例×受灾面积×（1-免赔率）

②部分损失。在发生部分损失时，保险公司在现场查勘后进行核定损失并登记；若农作物连续受损，保险公司按照最后一次受损的现场查勘确定损失。计算公式为：

$$\begin{matrix}\text{赔款}\\\text{金额}\end{matrix}=\begin{matrix}\text{每亩}\\\text{保险金额}\end{matrix}\times\begin{matrix}\text{出险当期}\\\text{赔偿比例}\end{matrix}\times\left(\begin{matrix}\text{承保}\\\text{产量}\end{matrix}-\begin{matrix}\text{实际}\\\text{产量}\end{matrix}\right)\div\begin{matrix}\text{承保}\\\text{产量}\end{matrix}\times\begin{matrix}\text{受灾}\\\text{面积}\end{matrix}\times（1-\text{免赔率}）$$

承保产量由承保时双方约定，或按承保当地（县级）统计部门公布的该保险作物前三年平均产量确定。

棉花各生长期最高赔偿比例见表4—6。

（6）注意事项

有关注意事项与前文基本相同，主要为：如实告知、交清保费、妥善管理、尽力救灾。在此不再重复。

表 4—6　　　　棉花各生长期最高赔偿比例

| 生长期 | 出险当期最高赔偿比例 |
| --- | --- |
| 苗期 | 15% |
| 蕾期 | 30% |
| 初花期 | 50% |
| 盛花期 | 70% |
| 花铃期 | 90% |
| 吐絮期 | 100% |

## 四、大棚和日光温室保险

蔬菜大棚因其简便易行，而在中国北方得到较大发展，结束了北方冬季吃不上新鲜蔬菜的历史，冬暖式大棚蔬菜种植在北方农村较为普遍。

**小资料**

### “冬暖式大棚蔬菜之父”王乐义

谈起寿光的冬暖式大棚蔬菜，就绕不过一个人：王乐义。

20 世纪 80 年代以来，种植冬暖式大棚蔬菜逐渐在中国北方发展，结束了北方冬季吃不上新鲜蔬菜的历史。推动冬暖式大棚蔬菜种植的正是山东省寿光市孙家集镇三元朱村党支部书记王乐义。

十一届三中全会后，广大农民要求致富的呼声日高。当时寿光人冬天种的是“风障韭菜”和“盖塑料薄膜”的大棚，但是“风障韭菜”占地多，成本高，无法批量生产；“盖塑料薄膜”的大棚温度低，入冬后棚里需生火炉，一季菜即要烧掉五六吨煤，农民实在种不起。

1988 年农历腊月二十八日，王乐义从堂弟王新民处打听到大连市场上卖辽宁当地产的鲜黄瓜。王乐义寻思，在辽宁那样天寒地冻的腊月里能产出黄瓜来，肯定有绝招。于是王乐义率领7 位乡亲，3 次到辽宁省瓦房店市陶村取经，终于感动了大棚黄瓜的主人韩永山，获得了大棚保温的诀窍：加厚墙体，增大采光面，采用无滴膜，改造大棚方位。

王乐义返回寿光，开始了冬暖式大棚蔬菜的艰难起步，经过艰难动员，第一批建了 17 个大棚。1989 年 12 月 24 日，三元朱村第一批冬暖式大棚黄瓜上市了，全村 17 个大棚平均收入 2.7 万元。20 世纪 80 年代，“万元户”即中国农村的佼佼者，而此时，三元朱村一下子冒出 17 个“双万元”户，怎不令人称奇。

1991 年，由寿光县委书记王伯祥亲自点名，王乐义担任寿光市冬暖式蔬菜大棚推广小组技术总指挥，并给他配备了一辆吉普车。面对全县 34 个乡镇，跑了一遍又一遍，有时一日之内要跑 30 多个村，一年下来，王乐义足足跑了 4 万多公里。当年寿光市发展的 5130 个大棚全部成功，每个大棚户平均收入 1.5 万元。

冬暖式蔬菜大棚的发明者王乐义的业绩，在全国爆响了，远近慕名造访者与日俱增。1993 年 4 月，正在北京开会的新疆维吾尔自治区党委书记宋汉良来到三元朱村参观。他参观了一个个蔬菜大棚后，诚挚地对王乐义说：“乐义呵，新疆的群众一年之中有 8 个月吃不上新鲜蔬菜，我们想请你帮忙解决这个问题！”王乐义当即回答：“请放心，我随后就去。”没过几日，王乐义就从村里挑选了 6 名技术员组成“赴疆大棚种植小组”，由王乐义亲自带队前往新疆，并在哈密地区精选了 26 个大棚重点试验。

1995 年 5 月，延安地区地委书记率团来到三元朱村参观，恳切要求王乐义前往帮助搞大棚，王乐义一口答应。1995 年 7 月，王乐义走进了延安考察。10 日后王乐义即派党员王佃军，随身带上三元朱村赠予的黄瓜、西红柿、韭菜等种子和农膜等大棚材料奔赴延安。

两年后，延安市已建成并取得明显经济效益的温室大棚已达到13 307个，果园面积也已扩大到250多万亩。

1996年4月，云南省怡梁县蓬莱乡段云华、段云良姐弟俩来找王乐义。段云华哭诉了一路的艰辛：下岗了，想学大棚技术，到了好几个地方，人家都嫌麻烦不肯收，最后经人指点来找您。王乐义和蔼地说："放心吧，你们到这就是到家了。"

王乐义找来了村里技术最好的老师手把手地教，还特地为他们选择了易掌握、见效快的大棚豆瓣技术。姐弟俩一住就是两个月。他们走后，王乐义又寄去了250斤豆种。不久，段云华来电话报喜，不到俩月就挣了7 000多元。他们还说："我们在三元朱村不仅学会了技术，更学会了做人。"

除了南来北往的人，还有大量的信件寄给王乐义，一个月就有上百封。有人要学技术，有人讨材料，有人买种子，他总是把每封信都编上号，不厌其烦地复信、赠书、寄资料。这些年，到底资助过多少人，送书、送资料等搭上多少钱，王乐义自己也说不清楚，他没把这些放在心上。

十余年来，王乐义跑遍了山西、陕西、江苏、河南、湖南、河北、吉林等11个省市自治区。派出的大棚蔬菜技术员达4 000多人次，足迹踏遍长城内外。

2005年4月7日，胡锦涛总书记来到三元朱村。胡锦涛与王乐义边走边谈，亲切地询问村里的情况，王乐义爽快回答："自1989年我们村17名党员冒着风险带头搞实验，冬暖式蔬菜大棚一举成功，冬天不用煤不用电就能把鲜润润的蔬菜种出来。现在全村800口人，目下农民人均纯收入9 300元，乡里乡亲的钱袋子都鼓起来了。"总书记听了高兴地说："乐义啊，你干得好！"一面又走进了村民王友德的大棚，继而走进村民王文忠的大棚，然后总书记嘱咐王乐义说："乐义啊，你要把大棚技术传好，中国有8亿农民，你要把贫困地区的农民都教会，一是解决各地吃不上菜的问题，二是增加农民收入。只有农民的生活都达到了小康，我们中国社会才算进入小康社会。"

王乐义聆听着总书记的谆谆嘱托，坚定地说："请总书记放心，我们一定做好！"

资料来源　佚名：《中国冬暖式大棚蔬菜之父——王乐义》，http：//www.hzsq.gov.cn/news.php? id=1408，2012-08-12。

1. 大棚保险

（1）可保大棚的范围

凡符合下列条件的塑料大棚可作为保险标的（以下简称"保险大棚"）：

①农户、企业和村集体投资建造和租用从事蔬菜、水果、食用菌和花卉生产的大棚及设施内种植的经过政府部门审定的合格品种，符合当地普遍采用的种植规范标准和技术管理要求且生长正常的农作物；

②保险大棚必须符合本地自然环境条件及技术标准要求建设质量合格，由钢骨架或立柱、塑料薄膜、压膜线等组成的保护地生产设施，标准大棚长度为 80 米。

根据大棚使用不同及作物种植季节确定，一般以棚内作物的一个生长周期为限，具体保险期间由双方协商确定，以保险单载明的起讫时间为准。

（2）保险责任

在保险期间内，由于下列原因直接造成保险大棚及作物的损失，保险公司依据本保险的约定负责赔偿：暴雨、洪水（政府行蓄洪除外）、内涝；风灾、雹灾、雪灾。

下列原因造成的损失、费用，保险公司不负责赔偿：

①投保人及其家庭成员、被保险人及其家庭成员、投保人或被保险人雇用人员的故意行为、重大过失、管理不善；

②行政行为或司法行为。

下列损失、费用，保险公司不负责赔偿：

①其他不属于保险责任范围内的损失；

②发生保险责任范围内的损失后，被保险人自行毁掉或放弃保险标的种植或改种其他作物的；

③无薄膜覆盖造成温室内农作物的损失；

④塑料薄膜自然老化及离开大棚主体另外存放时遭受的任何损失。

（3）保险金额与保险费

保险大棚内作物的保险金额参照其生长期内所发生的直接物化成本，由投保人与保险公司协商确定，并在保险单中载明，但每个大棚内的作物最高赔偿限额不超过一定数额。这里以实践中普遍使用的1 000元标准为例说明。

保险大棚棚体只承保塑料薄膜，保险金额最高为1 000元，超过或者不足80米的大棚，按照标准大棚长度换算确定保险金额。对大棚使用旧塑料薄膜的，保险金额可按扣除相应已使用年限的折旧额后确定，已全部折旧完，但仍有使用价值的材料和设备，双方按实际价值估价确定。计算公式为：

年折旧额=大棚的最高保险金额×年折旧率×已使用的年数

大棚包括塑料薄膜以及大棚内种植的蔬菜，各自具有保险利益，分项保额见表4—7：

表4—7 **大棚保险分项保额**

| 保险项目名称 | 保额/单位（元/延长米） | 保额/标准大棚（元） |
|---|---|---|
| 塑料薄膜 | 12.5 | 1 000 |
| 大棚内作物 | 12.5 | 1 000 |

保险费方面，以大连市为例，塑料大棚保险的保险费率为8%，每个标准大棚的保费为160元，超过或者不足80米的大棚，按每延长米2元换算保险费。各地与此相同或略有差别。

（4）赔偿处理

被保险人请求赔偿时，应向保险公司提供保险单正本、索赔申请书、损失清单以及投保人、被保险人所能提供的与确认保险事故的性质、原因、损失程度等有关的证明和资料。

保险大棚遭受损失后，如果有残余价值，应由双方协商处理。如折归被保险人的，由双方协商确定其价值，并在保险赔款中扣除。

保险大棚棚体发生保险责任范围内的损失，保险公司按以下方式计算赔偿：

赔偿金额=保险大棚保险金额×损失程度×受损面积（延长米）-免赔额

保险大棚棚内作物发生保险责任范围内的损失，保险公司按以下方式计算赔偿：

$$\text{赔偿金额}=\text{保险大棚作物保险金额}\times\text{不同生长期最高赔偿标准}\times\text{损失程度}\times\text{受损面积（延长米）}-\text{免赔额（作物单独损失时）}$$

最高赔偿标准按不同生长期确定。其中在收获期，分阶段收获的作物以100%为标准，按已收获部分根据品种不同扣除一定的百分点。大棚棚内作物不同生长期的最高赔偿标准见表4—8：

表4—8　**大棚棚内作物不同生长期的最高赔偿标准**

| 苗期赔偿标准 | 成长期赔偿标准 | 成熟期赔偿标准 |
| --- | --- | --- |
| 单位保险金额×40% | 单位保险金额×70% | 单位保险金额×100% |

（5）注意事项

有关注意事项与前文基本相同，主要为：如实告知、交清保费、妥善管理、尽力救灾。在此不再重复。

大棚保险请求赔偿的诉讼时效期间为2年，自其知道或者应当知道保险事故发生之日起计算。

2. 日光温室保险

日光温室保险的主要情况与大棚保险相近，在此，仅介绍与大棚保险不同的方面。

（1）可保日光温室的范围

投保的日光温室必须符合本地自然环境条件及技术标准要求建设质量合格，由后墙、端墙、前屋棚面、后坡、立柱、塑料薄膜、压膜线、草帘等组成的保护地生产设施，标准日光温室长度为80米。

可保日光温室的保险期间根据日光温室使用不同及作物种植季节确定，一般以日光温室内作物的一个生长周期为限，最长为一年。具体保险期间由双方协商确定，以保险单载明的起讫时间为准。

（2）保险金额与保费

保险日光温室内作物的保险金额参照其生长期内所发生的直接物化成本，由投保人与保险公司协商确定，并在保险单中载明，但每个日光温室内的作物最高赔偿限额不超过一定限额。这里，以实践中普遍使用的 2 000 元标准为例进行说明。

保险日光温室的保险金额，按其主要材料及附属设备分项确定。每个标准日光温室的最高保险金额为 10 000 元，火灾责任保险金额为 5 000 元，超过或者不足 80 米的日光温室，按照标准日光温室长度换算确定保险金额。对已使用的日光温室，保险金额可按扣除相应已使用年限的折旧额后确定，已全部折旧完，但仍有使用价值的材料和设备，双方按实际价值估价确定。计算公式为：

年折旧额=日光温室的最高保险金额×年折旧率×已使用的年数。

与大棚保险类似，日光温室内有不同项目分别具有保险利益，其分项保额见表 4—9：

表 4—9　**日光温室分项保额**

| 保险项目名称 | 保额/单位 | 保额/标准日光温室（元） | 火灾责任保额（元） |
|---|---|---|---|
| 后墙 | 37.5 元/延长米 | 3 000 | 1 500 |
| 前屋棚面、后坡 | 37.5 元/延长米 | 3 000 | 1 500 |
| 立柱 | 12.5 元/延长米 | 1 000 | 500 |
| 草帘 | 12.5 元/延长米 | 1 000 | 500 |
| 塑料薄膜 | 12.5 元/延长米 | 1 000 | 500 |
| 铁拉线 | 6.25 元/延长米 | 500 | 250 |
| 两端墙 | 100 元/面×2 | 200 | 100 |
| 看护房 | 300 元/处×1 | 300 | 150 |
| 温室内作物 | 25 元/延长米 | 2 000 | 1 000 |

每次事故的免赔额为 200 元。

每个标准日光温室的保费为500元，超过或者不足80米的日光温室，按照每延长米6.25元换算确定保险费。

（3）赔偿处理

保险日光温室棚体发生保险责任范围内的损失，保险公司按以下方式计算赔偿：

$$\text{赔偿金额}=\text{每个标准日光温室（延长米）分项保险金额}\times\text{损失程度}\times\text{受损面积（延长米）}-\text{免赔额}$$

保险日光温室棚内作物发生保险责任范围内的损失，保险公司按以下方式计算赔偿：

$$\text{赔偿金额}=\text{每个标准日光温室（延长米）作物保险金额}\times\text{不同生长期最高赔偿标准}\times\text{损失程度}\times\text{受损面积（延长米）}-\text{免赔额（作物单独损失时）}$$

最高赔偿标准按不同生长期确定。其中在收获期，分阶段收获的作物以100%为标准，按已收获部分根据品种不同扣除一定的百分点。日光温室内作物不同生长期的最高赔偿标准请见表4—10：

表4—10　日光温室内作物不同生长期的最高赔偿标准

| 苗期赔偿标准 | 成长期赔偿标准 | 成熟期赔偿标准 |
|---|---|---|
| 单位保险金额×40% | 单位保险金额×70% | 单位保险金额×100% |

火灾损失的赔偿限额为正常保险金额的50%。

其他有关事项与大棚保险基本相同，不再重复。

# 第五章　养殖保险

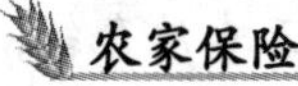
农家保险

## 能繁母猪保险赔偿“惊动”中央媒体

“十一”长假的前一天，一场淅淅沥沥的秋雨让人备感凉意，但却无法阻挡宿豫区仰化镇仰化居委会三组养猪大户张超的笑脸。面对中央和省市众多媒体的镜头与镁光灯，当他高兴地从宿迁市人保财险公司王卓越经理手里接过 1 000 元赔款时，一个劲地拉着领导的手说：“谢谢！谢谢！我只交了 12 块钱的保费，你们竟赔了我 1 000 元，真是没想到啊……”

据市委宣传部外宣办主任吴学文介绍，这次由中央电视台、中央人民广播电台、《中国保险报》、《新华日报》、江苏电视台等 12 家中央省级新闻媒体组织的新闻采访团，对宿豫区能繁母猪保险赔偿进行了现场集中采访。宿豫区是典型的农业大区与养殖大区，早在上世纪 80 年代曾荣获“全国商品猪基地县”的荣誉称号，这里交通发达，饲料资源丰富，具有养殖生猪得天独厚的传统优势。据统计，目前，全区共有生猪养殖大户 1 250 多个，每年生猪饲养量在 70 万头以上，年可出栏肥猪 50 万头，其中母猪饲养量在 2 万头左右。

然而，由于受国内生猪市场行情与疾病灾害的影响，给生猪养殖农户带来一定的风险，一些饲养老户“折栏”、“弃栏”的现象时有发生，极大地挫伤了广大农民养殖生猪的热情。为了充分调动广大农民的养猪积极性，规避市场风险，丰富市民的“菜篮子”，从 2010 年 8 月上旬起，宿豫区会同市人保财险公司、市区信用联社等部门，采取“联办共担，让利于民”的原则，实行政府和保险公司按照比例，共同承担风险的运作机制，对能繁母猪进行保险。协议规定：每头母猪只要交保费60元，其中政府财政负担48元，农户负担12元，仅占保费的20%，就可得到1 000元的赔偿。市人保财险公司负责人介绍说：“对投保后的母猪，一旦出现意外死亡，只要拨打“95518”保险电话，公司就会马上派人上门，验证核实，一经确认，确保在3到6天内赔偿到位。”

宿豫区是宿迁农业保险试点单位。据区农工办主任王永浩介绍，全区能繁母猪参保15 718头，共收取养猪农户保费115.31万元，而截至目前，全区共有两批计125户农民得到赔付，共领走赔款12.6万元，其中王官集镇投保1.3万元，仅一个月内就拿走保费2.5万元。

在赔付现场，手握一匝崭新钞票的张超激动地告诉记者，自己从2005年开始养猪，现在已发展到200多头，其中能繁母猪15头。“今年8月初，镇里动员给母猪上保险，当初还有点想不通，就抱着试试看的心理给15头母猪每头交了12块钱。谁知9月26日，一头母猪产过12头小猪后，突然发病累倒并死亡。于是，就向保险公司报告，谁知才3天时间，就上门赔付了，没想到这么快就给兑现了，这可是政府给咱老百姓做的一件大好事啊！”在宿豫区采访，笔者还了解到随着能繁母猪赔付工作的推进，极大地调动了农民养猪的积极性。而由市区财保、信用联社等部门牵头，还共同推出了生猪保险与生猪信贷并举的“惠农”举措，进一步加大对养殖户的扶持力度，让老百姓得到实实在在的实惠。郑一宁是宿豫区顺河镇生猪养殖大户，他从2004年开始搞起了养猪场，每年生猪出栏都在4 000多头，今年生猪行情较好，他扩大了养殖规模，郑一宁想到了贷款，但贷款是件不容易的事，猪生病还有风险，然而，让他高兴的是，近日，他签下了生猪保险单和10万元的贷款。他说：“猪生病，有保险；想发展，有资金。现在，我更有信心扩大养猪的规模了啊！”

资料来源　何首君等：《能繁母猪保险“惊动”中央媒体》，载宿迁新闻网，2007-10-07。

养殖是农户除了种植作物之外非常普遍的一项农业活动，农业活动最常见的就是养殖禽类、畜类，禽类又分为蛋用养殖和肉用养殖，畜类包括肉用养殖、繁殖养殖、取奶养殖。养殖一旦发生灾害，比种植业对农户的危害成倍增加。本章就对以上这几大方面，选取其中有代表性的养殖保险进行介绍，以帮助广大农户规避风险，更好地发展养殖致富。

## 一、养鸡保险

无论蛋用养殖还是肉用养殖，鸡都是农户最为普遍的养殖对象，可以说农户几乎家家都养些鸡。

1. 可保范围

凡是符合下列条件的养鸡场均可投保：

（1）批舍饲养在一定数量以上；

（2）鸡场选址须在非蓄洪行洪区且在当地洪水水位线以上、场内的建筑物布局应符合畜牧兽医部门的要求，经营管理制度健全；

（3）舍内光照、温度、相对湿度适宜，通风良好，有防暑降温措施，场舍定期消毒；

（4）投保鸡只的品种必须在当地饲养 1 年以上，投保鸡只应为无伤残，无疾病，营养完全，饲养密度合理。

各保险公司要求，批舍饲养在一定数量以上，有的要求 1 000 只、有的要求 2 000 只、有的要求 10 000 只。例如，批舍饲鸡 10 000 只以上指的是在同一时期内，该养鸡场鸡舍饲养的是一批同种同期生长的鸡只，个别地区会有所差别，但大多数地方的保险公司要求其数量必须在 10 000 只以上，因为如果鸡的批量小，保险公司不宜控制风险，也不利于降低被保险人的保险费用，所以对 10 000 只以下的鸡场不予承保。

当地洪水水位线是指保险公司根据当地历史洪水灾害情况划定的保险责任线。鸡舍良好的舍内环境有助于避免不良反应的发生，对产蛋高峰期的持续、保持良好受精率、减少异形蛋的产出也有可靠的保证。一般幼雏鸡第一周要求室内温度26℃~30℃，以每周2℃~3℃的速度下调，直至20℃~22℃。产蛋鸡适宜温度为7℃~28℃，当舍内温度低于-9℃或高于35℃，对鸡群有害。相对温度50%~70%适宜。

要求投保鸡只须在当地饲养一年以上，是因为从外地新引进的鸡只，对当地的饲养环境尚有一个适应的过程，鸡只本身的防病防疫能力难于掌握，鸡只的死亡风险也就很难控制，所以，保险公司不能接受养殖期限在一年内的鸡只投保。

2. 保险责任

由于下列原因造成保险鸡只死亡，保险公司依照合同负责赔偿：

（1）特定传染病（选定责任）；

（2）特定自然灾害和意外事故（选定责任）；

（3）经畜牧兽医行政管理部门确诊患保险条款中的特定传染病，并且经当地县级（含）以上政府命令需要扑杀、掩埋、焚烧的。

保险公司一般只承保对养鸡生产危害大的传染病、自然灾害和意外事故。

**小资料**

### 保险责任术语

1. 火灾

火灾是指时间或空间上失去控制的燃烧所造成的灾害。构成本保险的火灾责任必须同时具备以下3个条件：（1）有燃烧现象，即有热有光有火焰；（2）偶然、意外发生的燃烧；（3）燃烧失去控制并有蔓延扩大的趋势。电机、电器等设备因使用过度、超电压、碰线、弧花、漏电、自身发热引起燃烧并失去控制蔓延扩大也属于火灾责任。

2. 爆炸

物体在瞬息分解或燃烧时放出大量的热和气体，并以很大的压力向四周扩散，造成的现象叫爆炸。本责任主要指鸡舍或外界发生爆炸波及保险鸡只造成死亡。

3. 雷击

雷击是指由于雷电直接击中保险鸡只或周围建筑物而造成保险鸡只死亡。雷电为积雨云中、云间或云地之间产生放电现象。

4. 飞行物体及其他空中运行物体坠落

这是指凡是空中飞行或运行物体的坠落，如空中飞行器、人造卫星、陨石坠落都属本保险责任。建筑物倒塌、倒落、倾倒造成保险标的损失，视同空中运行物体坠落责任负责。如果涉及第三者责任，可以先赔后追。但是，对建筑物本身的损失，都不负责赔偿。

5. 洪水

洪水是指山洪暴发、江河泛滥、潮水上岸及倒灌致使保险标的遭受冲散损失。

6. 暴风

暴风指风速在28.3米/秒，即风力等级表中的11级风。有的保险条款的暴风责任扩大到8级风，即风速在17.2米/秒以上即构成暴风责任。

7. 暴雨

暴雨是指每小时降雨量达16毫米以上，或连续12小时降雨量达30毫米以上，或连续24小时降雨量达50毫米以上。

8. 台风

台风是指中心附近最大平均风力12级或以上，即风速在32.26米/秒以上的热带气旋。是否构成台风以当地气象站的认定为准。

9. 龙卷风

龙卷风是指一种范围小而时间短的猛烈旋风。陆地上平均最大风速一般在79~103米/秒，极端最大风速一般在100米/秒以上，是否构成龙卷风以当地气象站的认定为准。

**小资料**

### 鸡只养殖保险疫病术语

同种植业一样，养殖业也有一些有关保险责任的术语，而对于鸡只养殖，其疫病具体名称及含义如下：

1. 鸡新城疫

鸡新城疫是指由病毒引起的一种急性、败血性和具有高度毁灭性的传染病。以呼吸困难、下痢、神经机能紊乱，粘膜和浆膜出血为特征。

2. 禽霍乱

禽霍乱是指由巴氏杆菌引起的一种急性疾病。禽霍乱主要症状：精神沉郁，食欲丧失，呆立于一隅，鸡冠发绀，下痢。

3. 鸡瘟（A 型流感）

这是指由 A 型流感病毒引起的感染疾病综合症。

4. 鸡马立克氏病

鸡马立克氏病是一种病毒性传染病。病的特征是周围神经发生淋巴样细胞浸润和肿大，各内脏器官、眼球及皮肤出现同样病变并形成肿瘤性病灶，引起急性死亡，消瘦，一肢或两肢发生麻痹。

5. 鸡传染性支气管炎

鸡传染性支气管炎是一种急性、高度接触性传染病。它的特征是气管炎和支气管炎，呼吸困难，张嘴打喷嚏、产卵量下降。

6. 鸡传染性法氏囊病

鸡传染性法氏囊病是由病毒引起的鸡传染病。病毒侵害法氏囊，造成机体免疫机能下降。

7. 特定传染病

具有法律效力的县级（含）以上畜牧兽医部门诊断为特定疾病内的鸡新疫、禽霍乱、鸡瘟（A 型流感）、鸡马立克氏病、鸡传染性支气管炎、鸡传染性法氏囊的传染病时，为了防止传染病进一步扩大，由当地县级（含）以上政府下达命令对已染病鸡群进行扑杀、掩埋、焚烧时所造成的保险鸡只死亡。

由于下列原因造成保险鸡死亡，保险公司不负责赔偿：

(1) 被保险人、饲养人员其家属的故意或过失行为；

（2）保险鸡只互斗、中暑、冻、饿致死，淘汰宰杀；

（3）战争、军事行动或暴乱；

（4）违反防疫规定、拒绝防疫或发病后不及时治疗；

（5）保险责任规定以外的其他自然灾害、意外事故和传染病所致死亡以及其他任何损失。

这里列明的各种原因造成保险鸡只的死亡，是指无论是由于合同所述各项原因直接造成的，还是由这些原因引起灾害、事故、传染病而造成的，均为责任免除，保险公司不予赔偿。

免除责任具体有以下事项：

（1）被保险人、饲养人员及其家属的故意行为。法律上故意行为是指明知自己的行为可能造成损害结果，而仍希望其结果发生或放任这处结果发生。被保险人、饲养人员及其家属的过失行为，是指应当预见自己的行为可能造成损害结果，因为疏忽大意而没有预见，或者已经预见而轻信能够避免，以致发生这种结果的，是过失行为。

（2）互斗，鸡只之间的互相咬杀、中暑、冻、饿致死与管理不善直接相关，列为责任免除。

（3）战争，国家与国家、集团与集团之间为一定的政治、经济目的而进行的武装斗争。军事行动，国家或政权组织有目的、有计划、有组织的对武装力量签署命令并实施行动。暴乱，指破坏社会秩序的武装骚动。战争、军事行动、暴乱以政府宣布为准。战争、军事行动、暴乱等原因造成的损失，因其破坏范围、损失程度难以估计，养鸡保险损失率无法测定，故将其列为免除责任。

（4）违反防疫规定或拒绝防疫是指违反规定的防设时间注射疫苗，违反规定的防疫程度进行防疫或拒绝按兽医部门的程序预防检疫。

（5）承担的保全责任为列明的风险责任，在保险合同中明确列明的凡不属列举的疾病、自然灾害意外事故及相应费用（如治疗费、药费等）都属责任免除，保险公司一概不负责赔偿。

3. 保险期限

根据鸡的饲养用途及生长阶段，保险期限划分情况如下。

（1）肉用鸡

从10日龄起保至56日龄为止。

（2）产蛋鸡

育成阶段：从43日龄起保至140日龄为止；产蛋阶段：从141日龄起保险500日龄止；

（3）种鸡

育雏阶段：从1日龄起保至42日龄止。育成阶段：从43日龄起保至140日龄为止；产蛋阶段：从141日龄起保至500日龄止。

种鸡根据使用年限来划分，其他鸡只按正常生长阶段来划分。

保险肉鸡，从保险单生效之日起7天为传染病观察期；保险产蛋鸡和种鸡从保险单生效之日起15天为传染病观察期。规定观察期的长短是按传染病的潜伏期来确定。一般鸡瘟的潜伏期为2~4天；禽霍乱为2~9天；鸡新城疫为3~5天；鸡马立克氏病为1~3个月；鸡传染性支气管炎为3~12天；鸡传染性法氏囊病为1~5天。

为了便于掌握，保险公司的合同条款对保险产蛋鸡和种鸡的传染病观察期，统一规定为15天。保险肉鸡的传染病观察期定为7天，主要因为肉鸡的保险期限最长不超过56日龄，而潜伏期相对较长的鸡马立克氏病一般多在2~5个月龄之间发病，所以，此病对肉鸡的影响不大。

4. 保险金额、保险费

保险金额的规定一般是这样的：

（1）每只肉用鸡的保额最高不超过购雏费加生长至56日龄投入的饲料费之和的八成；

（2）每只产蛋鸡育成阶段、产蛋阶段的保额最高不超过购雏费加生长至140日龄投入的料费之和的八成；

（3）每只种鸡的保额最高不超过购雏费加生长至140日龄投入

的饲料费之和的80%。

规定保险金额按购鸡苗费和饲料费两项成本费用的八成来确定，其他成本费用、投入风险由被保险人自保，是为了促使被保险人加强饲养管理。

5. 赔偿处理

（1）赔偿计算

保险鸡只发生保险事故时，以每栋鸡舍一次性事故（其出险天数最长定为连续7天）计算死亡数。若死亡数低于或等于实际存栏数的15%时，不负赔偿责任；若死亡数高于实际存栏数的15%时，按死亡数扣除死淘数予以赔付。

肉用鸡、产蛋鸡育成阶段、种鸡育雏阶段和育成阶段的赔偿分别为：

$$赔款=\frac{死亡}{只数}\times（1-死淘率）\times（\frac{鸡苗}{单价}+\frac{每只}{保额}-\frac{鸡苗}{单价}）\times（\frac{出险时}{已饲养天数}+\frac{出险}{天数}）-残值$$

产蛋鸡和种鸡的产蛋阶段：

$$赔款=死亡只数\times（1-死淘率）\times 每只保额\times 赔付百分比-残值$$

一般肉鸡死淘率为5%；产蛋鸡育成阶段、产蛋阶段死淘率为10%；种鸡死淘率分别是：育雏阶段为5%，育成阶段为10%，产蛋阶段为8%。

若保险金额高于保险鸡只出险时的市场实际价值时，则按出险时的市场实际价值计赔。

以上规定是以一栋鸡舍发生事故来计算赔款。出险天数是鸡只发生一次保险事故的天数。根据鸡只病程的长短，一次保事故的出险天数是最长定为7天。累计死亡数即是7天内（含第7天）的死亡总数。根据养鸡场的死淘率和保险公司的人力情况，确定相对免赔率为15%，保险公司可根据当地情况向上浮动。

出险时已饲养天数是指出险时被保险人已经饲养保险鸡只的天数。为了防止淘汰和正常死亡的损失，根据鸡只的种类及生长阶段确定死淘率。一般肉鸡自然死淘率为3%；产蛋鸡育成阶段为8%，产蛋阶段为10%；种鸡育雏阶段为5%，育成阶段为8%，产蛋阶段为5%以上。

（2）索赔时的单证

发生保险事故后，农户在向保险公司申请赔偿时，应提供以下单证：

被保险人要按照保险公司规定的要求，提供保险公司指定兽医部门的诊断证明（种鸡要提供临床检查和实验室检验证明）、死亡鉴定证明、防疫证明、保险单、损失清单及治疗经过的书面证明。

保险公司指定的兽医部门必须具有一定的技术力量和较高的水平，出据的证明应该真实合法。

被保险人对死亡的鸡只应予妥善保管，在未征得保险公司同意，不得擅自处理死亡鸡只。鸡只残体要妥善处理，避免被保险人从残值中赢利。

另外，投保的鸡只残值处理应为：

①对可食用或利用尸体，一般指因物理因素致死的鸡只，如电击等，其残值应从赔款中扣除。

②对于捕杀、销毁及患传染病死亡的鸡只尸体，禁止食用，不扣残值。

因第三者对保险鸡只损害而造成鸡只死亡，保险公司自向被保险人赔偿保险金之日起，在赔偿金额范围内代位行使被保险人对第三者请求赔偿的权利。被保险人必须协助保险公司向第三者追偿。若被保险人已取得部分赔款，保险公司应在赔款中相应扣减被保险人从第三者已取得赔偿金额。保险公司在行使代位追偿权时，不影响被保险人就保险责任范围以外的损失向第三者请求赔偿的权利。

这个规定就是说，当保险公司赔偿了被保险人因保险事故造成的损失后，依法取得了应由第三者负责赔偿的代位追偿权。

保险鸡只发生部分死亡经保险公司赔偿后，保险合同继续有效，但其保险鸡只数应相应减少，由保险公司出具批单批注。投保鸡只发生部分死亡经赔偿后，保险公司应出具批单，注明该保险单的投保鸡只数减去了已赔偿只数后剩余的有效保险只数。保险公司对有效保险只数继续负责至保险期满为止。已赔偿的保险鸡只，因保险公司已履行其义务，故不再退还保险费。

6. 注意事项

农户应当在保险合同生效前按约定交付保险费。

农户必须遵守有关部门的加强鸡只饲养管理的规定，搞好饲养管理，建立、健全和执行防疫、治疗的规章制度，防疫注射要有记录，接受畜牧兽医部门和保险公司的防疫防灾检查及提出的合理化建议，切实做好防疫防病及安全防灾工作。

农户投保的鸡只发生保险事故时，农户有三方面的义务：

（1）抢救保险鸡只的义务，当保险鸡只发生传染病时被保险人应及时进行治疗并将未发病鸡只隔离，以防止疫病蔓延；在发生灾害事故时应及时进行抢救、转移，并对受伤鸡只进行有效治疗，以使鸡只死亡减少到最低限度。保险公司对因被保险人不积极抢救、隔离和治疗而死亡的鸡只不负责赔偿。

（2）立即通知保险公司，发生保险事故时，被保险人应立即尽快通知保险公司，以便保险公司在保险事故发生后及时处理。“立即”就是要求被保险人知道保险事故发生后，应24小时内通知保险公司。

（3）不得擅自处理死亡鸡只的义务，被保险人对死亡鸡只应予妥善保管，在未征得保险公司或保险公司授权的业务代理机构同意之前不得作任何处理。

以上事项，农户如果没有及时、妥善做到，有可能会影响获得赔偿。

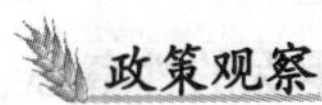


## 国家将扩大养鸡保险业务覆盖面

据新华社讯记者从国务院有关部门获悉，为进一步夯实蛋鸡养殖业发展基础，促进蛋鸡养殖业持续健康发展，国家近期又采取多项政策措施，加大对蛋鸡生产的扶持力度。

这些政策措施包括：

一是建立祖代蛋种鸡补贴制度，支持冰冻雨雪灾害较重的地区种鸡场恢复重建；

二是将蛋鸡新品种配套系选育纳入国家科技支撑计划，支持企业和科研院校积极开展蛋鸡新品种培育相关研发工作；

三是对存栏达到一定规模的蛋鸡养殖场（户）经标准化改造达标的给予适当补贴，积极支持规模化蛋鸡养殖场（户）沼气池建设；

四是建立蛋鸡生产动态监测体系，及时发布蛋鸡生产和市场信息，加强产需衔接，引导养殖场（户）科学安排生产；

五是加强科技指导，强化对养殖户的培训，开展先进适用技术和相关标准的示范推广，努力提高蛋鸡生产水平和养殖效益；

六是切实加强防疫工作，继续安排好禽流感强制免疫疫苗费和强制扑杀补偿费，对基层动物防疫工作给予经费补助；

七是发展鸡蛋现代流通方式，扶持和培育专业化的鸡蛋加工和物流企业，继续实施鲜活农产品“绿色通道”政策；

八是加大对蛋鸡养殖的信贷支持力度，积极满足合理贷款需求，完善养鸡保险产品，扩大养鸡保险业务覆盖面。

## 二、养猪保险

牲畜保险是以各种役用（马、骡、驴、骆驼、耕牛等）、肉用（肉牛），乳用（奶牛）、种用（种马、种牛、种驴）等大牲畜作为保险标的的一种养殖业保险。

牲畜保险合同的保险标的范围较广，不过，保险人承保的牲畜必须是畜体健康，饲养、使用、管理正常，具有使役能力，并且符合承保畜龄的规定，如马、黄牛为1岁至13岁，骡为1岁至15岁，驴为1岁至11岁。

牲畜保险合同的保险责任一般为综合责任。保险人对于保险标的在饲养使役期间，因疾病、自然灾害、意外事故造成的死亡、伤残，以及因传染病而被政府命令强行屠宰、掩埋所造成的损失，承担赔偿责任。此外，牧区定点饲养放牧的牲畜，因自然灾害、草场水源枯竭造成的死亡，经双方当事人特别约定，也可以列入保险责任。

但是，因被保险人的故意行为、不合理使役致牲畜劳累致死、拒绝按兽医部门要求进行防疫或治疗、以及因被盗、走失等造成保险标的损失的，属于除外责任，保险人不承担保险责任。

牲畜保险合同的保险金额的确定方法是不尽相同的。欧洲多数国家采用商定价值，而英国采用市场价值，但是，均承保其中一定比例的部分。我国保险公司经营的牲畜保险合同，对于法人或其他经济组织投保的，是按其账面或商定价值的七成确定保险金额，而对于个人投保的，则按商定价值的七成来确定保险金额。

牲畜保险合同的保险费，是根据保险标的近十年的平均死亡率和经营成本费用比例所厘定的保险费率来计算的。

这里，以有代表性的生猪养殖、母猪养殖、奶牛养殖为例进行说明和介绍。

1. 可保范围

符合下列条件的农户养猪，以县（或乡镇）为单位集体统一投保的，均可投保本保险：

（1）舍饲猪只存栏量在50头以下的农户养猪；

（2）食品部门和定点屠宰场收购饲养5天以内的待宰肉猪；

（3）投保猪只品种必须在当地饲养1年以上，种猪的使用年限在4年以下，肉猪体重为10公斤至100公斤，且经畜牧兽医部门验明无伤残、疾病，营养良好，饲养管理正常，按免疫程序预防接种。

生猪养殖保险期限为一年，期满续保，另办手续。保险猪只从保险单生效之日起15日内为传染病观察期。保险猪只中途部分或全部出售、宰杀或调离约定的保险地点，该部分或全部的保险责任自行中止。

2. 保险责任

由于下列原因造成保险猪只死亡，保险公司依照负责赔偿：

（1）火灾、爆炸、雷击、飞行物体及其他空中运行物体的坠落、洪水、暴风、暴雨、台风、龙卷风；

（2）猪瘟、猪水疱病、猪丹毒、猪肺疫；

（3）口蹄疫；

（4）经畜牧兽医行政管理部门确诊患本条第三款的传染病，并且经当地县级（含）以上政府命令需要扑杀、掩埋、焚烧的。

但由于下列原因造成保险猪只死亡，保险公司不负责赔偿：

（1）被保险人、饲养人员及其家属的故意或过失行为；

（2）冻饿、中暑、盗窃及互斗致死、淘汰宰杀；

（3）战争、军事行动或暴乱；

（4）圈外死亡；

（5）在观察期内的传染病（含延续至观察期以后的）；

（6）违反防疫规定或发病后不及时治疗；

（7）保险责任规定以外的其他疾病、自然灾害和意外事故所致的死亡以及其他任何损失。

保险公司对下列损失也不负责赔偿：

（1）保险猪只遭受保险事故引起的各种间接损失；

（2）猪舍设施发生保险责任外的意外、管理不善导致的保险猪只损失；

（3）由于行政行为或执法行为所致的损失（但属于前述第四款列明的原因除外）。

3. 保险金额与保险费

肉猪按当地一头100公斤毛重的市场价格的八成确定保险金额。

保险费按保险公司规定的标准计收。

4. 赔偿处理

（1）赔偿计算

保险生猪发生保险事故时，保险公司按下列方式计算赔偿金额：

①保险肉猪发生保险事故时，保险公司按尸重和当地每公斤市场单价的八成确定赔偿金额。死亡猪只的残体按保险公司和畜牧兽医部门的规定处理，并从赔款中按承保比例扣除。若保险肉猪体重超过100 公斤，按 100 公斤计赔。每头猪的赔偿金额不得超过保险金额。计算公式为：

赔款=尸重×市场单价×80% －残值×承保比例

②种猪的赔偿按保险金额定额赔付，对可食用或可利用的残体，其残值应按承保比例从赔款中扣除。

发生口蹄疫的猪只，由保险公司会同当地市（县）防疫部门共同鉴定、监督处理。政府部门对口蹄疫猪只扑杀给予补助的费用，保险公司按承保比例从赔款中扣除。

（2）索赔时的单证

被保险人向保险公司申请索赔时，应当提供保险单、损失清单、政府畜牧兽医部门和所属兽医师出具的真实合法的诊断证明、死亡证明，或其他必要的证明。

（3）部分死亡的处理

保险猪只发生部分死亡，经保险公司赔偿后保险合同继续有效，但保险猪只头数应相应减少，具体由保险公司出具批单批注。保险公司在赔偿后 30 日内，也可以终止合同。

（4）代位追偿

因第三者对保险猪只损害而造成的死亡，保险公司自向被保险人赔偿保险金之日起，在赔偿金额范围内代位行使被保险人对第三者请求赔偿的权利。被保险人必须协助保险公司向第三者追偿。若被保险人已取得部分赔款，保险公司应在赔款中相应扣减被保险人从第三者已取得的赔偿金额。保险公司在行使代位追偿权时，不影响被保险人就保险责任范围以外的损失向第三者请求赔偿的权利。

5. 注意事项

保险猪只发生保险事故时，被保险人应当积极救护，使损失减少至最低程度，并保护现场，在 24 小时内通知保险公司（或保险代理人）以及当地畜牧兽医部门协助勘查。未经保险公司同意不得擅自处理死亡猪只。

被保险人自其知道保险事故发生之日起，应当在60日内向保险公司提出赔偿请求，逾期未提出者，视为放弃请求赔偿的权利。

其他注意事项与前文基本相同，主要为：如实告知；及时、足额交清保费；妥善管理；尽力救灾。在此不再重复。

## 三、能繁母猪养殖保险

上一节介绍的肉猪，在农户的养殖中，还很普遍地存在母猪的饲养，保险上称为“能繁母猪”，即指具有繁殖能力的母猪。

1. 可保范围

符合下列条件的能繁母猪可以作为这种保险的保险标的：

（1）投保的能繁母猪品种必须在当地饲养1年以上（含）；

（2）投保时能繁母猪在8月龄以上（含）4周岁以下（不含）；

（3）能繁母猪存栏量30头以上（含）；

（4）管理制度健全、饲养圈舍卫生、能够保证饲养质量；

（5）饲养场所在当地洪水水位线以上的非蓄洪、行洪区；

（6）能繁母猪经畜牧兽医部门验明无伤残，无本保险责任范围内的疾病，营养良好，饲养管理正常；

（7）能繁母猪按所在地县级畜牧防疫部门审定的免疫程序接种并有记录，且必须佩戴国家规定的畜禽标识。

投保人应将符合上述条件的能繁母猪全部投保，不得选择投保。

除另有约定外，保险期间为一年，以保险单载明的起讫时间为准。

2. 保险责任

在保险期间内，由于下列原因直接造成保险母猪死亡，保险公司负责赔偿：

（1）火灾、爆炸；

（2）雷电、暴雨、洪水（政府行蓄洪除外）、风灾、冰雹、地震、冻灾；

（3）山体滑坡、泥石流；

（4）建筑物倒塌、空中运行物体坠落；

（5）猪丹毒、猪肺疫、猪水泡病、猪链球菌、猪乙型脑炎、附红细胞体病、伪狂犬病、猪细小病毒、猪传染性萎缩性鼻炎、猪支原体肺炎、旋毛虫病、猪囊尾蚴病、猪副伤寒、猪圆环病毒病、猪传染性胃肠炎、猪魏氏梭菌病，口蹄疫、猪瘟、高致病性蓝耳病及其强制免疫副反应。

在保险期间内，由于发生前述第5项中列明的高传染性疫病，政府实施强制扑杀导致保险母猪死亡，保险公司也负责赔偿，但赔偿金额以保险金额扣减政府扑杀专项补贴金额的差额为限。

保险母猪发生部分损失，保险公司履行赔偿义务后，保险金额、保险数量自损失发生之日起相应减少，保险公司不退还保险金额减少部分的保险费。下列原因造成的损失、费用，保险公司不负责赔偿：

（1）投保人及其家庭成员、被保险人及其家庭成员、投保人或被保险人雇用人员的故意行为、管理不善；

（2）除第四条规定的政府强制扑杀外的其他行政行为或司法行为。

3. 保险金额与保险费

保险母猪的每头保险金额一般为1 000元，并且不超过其市场价格的7成。

保险金额=每头保险金额×保险数量

保险数量以保险单载明为准。

能繁母猪的保险费率一般为6%，保险费的计算公式为：

保险费=每头保险金额×保险费率×保险数量

4. 赔偿处理

保险母猪死亡后，如果有残余价值，应由双方协商处理。如折归被保险人的，由双方协商确定其价值，并在保险赔款中扣除。

（1）赔偿计算

保险母猪发生保险责任范围内的死亡，保险公司按以下方式计算赔偿：

①发生列明的灾害保险事故，赔偿金额计算如下：

赔偿金额＝死亡数量×每头保险金额

②发生列明的病猪扑杀事故，赔偿金额计算如下：

赔偿金额＝死亡数量×（每头保险金额－每头母猪政府扑杀专项补贴金额）

（2）索赔时的单证

农户请求赔偿时，应向保险公司提供下列证明和资料：

①保险单正本；

②损失清单；

③政府畜牧防疫监督管理机构出具的真实合法的诊断证明、死亡原因证明和防疫记录等证明材料；

④投保人、被保险人所能提供的与确认保险事故的性质、原因、损失程度等有关的证明和资料。

有关注意事项总体上与生猪养殖保险相同，在此不再赘述，农户可参阅前文。

## 四、奶牛养殖保险

1. 可保范围

符合下列条件的奶牛可作为保险标的（简称保险奶牛）：

（1）投保的奶牛品种必须在当地饲养1年以上（含）；

（2）投保时奶牛畜龄在1周岁以上（含）7周岁以下（不含）；

（3）投保奶牛经畜牧兽医部门验明无伤残，无本保险责任范围内的疾病，营养良好，饲养管理正常，能按所在地县级畜牧防疫部门审定的免疫程序接种并有记录，且奶牛必须具有能识别身份的统一标识；

（4）饲养场所在当地洪水水位线以上的非蓄洪、行洪区；

（5）管理制度健全、饲养圈舍卫生、能够保证饲养质量。

投保人应将符合上述条件的奶牛全部投保，不得选择投保。

除另有约定外，奶牛养殖保险合同的保险期间为一年，以保险单载明的起讫时间为准。到期如需再保，需提前办理手续来续保。

2. 保险责任

在保险期间内，由于下列原因直接造成保险奶牛死亡，保险公司按照保险合同的约定负责赔偿：

（1）火灾、爆炸；

（2）暴雨、洪水（政府行蓄洪除外）、风灾、雷电、冰雹、冻灾；

（3）泥石流、山体滑坡、地震；

（4）建筑物倒塌、空中运行物体坠落；

（5）口蹄疫、布鲁氏菌病、牛结核病、牛焦虫病、炭疽、伪狂犬病、副结核病、牛传染性鼻气管炎、牛出血性败血症、日本血吸虫病。

在保险期间内，由于发生第5项中列明的高传染性疫病，政府实施强制扑杀导致保险奶牛死亡，保险公司也负责赔偿，但赔偿金额以保险金额扣减政府扑杀专项补贴金额的差额为限。

下列原因造成的损失、费用，保险公司不负责赔偿：

（1）投保人及其家庭成员、被保险人及其家庭成员、投保人或被保险人雇用人员的故意行为、管理不善；

（2）除前述规定的政府强制扑杀外的其他行政行为或司法行为；

（3）保险奶牛在疾病观察期内患有保险责任范围内的疾病。

3. 保险金额和保险费

保险奶牛的每头保险金额参照奶牛品种、畜龄以及当地市场奶牛价格，由投保人与保险公司协商确定，并在保险单中载明，但最高不得超过其投保时市场价格的7成。

保险金额=每头保险金额×保险数量

保险数量以保险单载明为准。

保险奶牛的每头保险金额参照奶牛品种、畜龄按表5—1所列金额确定，最高不得超过市场价格的7成。

表5—1　**不同畜龄的保险金额**

| 投保时的畜龄 | 每头保险金额 |
|---|---|
| 1岁（含）~3岁（不含） | 2 000元~4 000元 |
| 3岁（含）~5岁（不含） | 4 000元~6 000元 |
| 5岁（含）~7岁（不含） | 5 000元~3 000元 |

对于保险费率，散养的一般为6%~8%，小区养殖、规模化养殖的一般为5%~-7%。保险费的计算公式为：

保险费=每头保险金额×保险数量×保险费率

另外，对于保险期限不足1年的，有关短期费率见表5—2：

表5—2　**短期费率表**

| 保险期间 | 1个月 | 2个月 | 3个月 | 4个月 | 5个月 | 6个月 | 7个月 | 8个月 | 9个月 | 10个月 | 11个月 | 12个月 |
|---|---|---|---|---|---|---|---|---|---|---|---|---|
| 年费率的百分比 | 10 | 20 | 30 | 40 | 50 | 60 | 70 | 80 | 85 | 90 | 95 | 100 |

注：不足1个月的部分按1个月计算。

4. 保险期间与观察期

自保险期间开始之日起20日（含）内为保险奶牛的疾病观察期。保险奶牛在疾病观察期内因保险责任第5项中列明的疾病导致死亡的及第四条中政府实施强制扑杀导致保险奶牛死亡的，保险公司不负责赔偿。

保险期间届满续保的奶牛，免除观察期。

5. 赔偿处理

(1) 赔偿计算

保险奶牛死亡后，如果有残余价值，应由双方协商处理。如折归被保险人，由双方协商确定其价值，并在保险赔款中扣除。

保险奶牛发生保险责任范围内的死亡，保险公司按以下方式计算赔偿：

①发生第三条列明的保险事故，赔偿金额计算如下：

赔偿金额=死亡数量×每头保险金额

②发生第四条列明的扑杀事故，赔偿金额计算如下：

赔偿金额=死亡数量×（每头保险金额-每头奶牛政府扑杀专项补贴金额）

发生保险事故时，保险单载明的保险数量小于其可保数量时，可以区分保险数量与非保险数量的，保险公司以保险单载明的保险数量为赔偿计算标准；无法区分保险数量与非保险数量的，保险公司按保险单载明的保险数量与可保数量的比例计算赔偿。

保险单载明的保险数量大于其可保数量时，保险公司以可保数量为赔偿计算标准。

发生保险事故时，若保险奶牛每头保险金额低于或等于出险时的实际价值，则以每头保险金额为赔偿计算标准；若保险奶牛每头保险金额高于出险时的实际价值，则以出险时的实际价值为赔偿计算标准。

（2）索赔时的单证

被保险人请求赔偿时，应向保险公司提供下列证明和资料：

①保险单正本；

②损失清单；

③政府畜牧防疫监督管理机构出具的真实合法的诊断证明、死亡原因证明和防疫记录等证明材料；

④投保人、被保险人所能提供的与确认保险事故的性质、原因、损失程度等有关的证明和资料。

小资料

**中国人民保险公司耕牛保险保险单**

本公司依照耕牛保险试行条款及在保险单上注明的其他条件承保被保险人________的下列耕牛：

被保险人地址：____________

保险单号码：

| 耕牛种类 | 畜龄 | 畜性 | 毛色 | 特征 | 保险金额 | 保险费 | 备注 |
|---|---|---|---|---|---|---|---|
| | | | | | | | |
| | | | | | | | |
| | | | | | | | |
| | | | | | | | |
| 总保险金额：人民币　佰　拾　万　仟　佰　拾　元整 | | | | | | | |
| 保险费总数：人民币　万　仟　佰　拾　元　角　分　保险费率：　% | | | | | | | |
| 保险期限：　个月　自　年　月　日零时起至　年　月　日二十四时止 | | | | | | | |
| 特别约定： | | | | 保险公司签章：<br>签单：　复核：<br>年　月　日 | | | |

备注：收到保单后请核对，如有不符，应即办理更正。

## 五、水产养殖保险

水产养殖是以各种商品化养殖的水产品（包括淡水、海水养殖的鱼类、虾类、贝类、蟹类、藻类等）作为保险标的的一种养殖业保险。我国保险公司目前开办的主要险别有养鱼保险、对虾养殖保险、河蚌养殖保险、珍珠养殖保险、海带养殖保险、扇贝养殖保险等。

在农业保险实践中，由于水产品养殖有精养和粗养之分。前者的饲养方式是有专人负责管理，按时投料、测温、消毒、防病，故属于水产养殖保险合同的保险标的；而后者的饲养方式则是无专人管理的"放养"，保险人对于粗放养殖的水产品，一般不予承保。

水产养殖保险合同的保险责任，根据危险事故的不同，可以分为死亡损失责任和流失损失责任两大类。

（1）死亡损失责任，主要包括因非正常缺氧、他人蓄意投毒或投放爆炸物、疾病以及第三者排放污水引起水质污染等造成保险标的死亡的，保险人承担保险责任。

（2）流失损失责任，主要是指因自然灾害或非人为方面的原因致使保险标的流失所造成的损失，保险人承担保险责任。

但是，保险标的在放养过程中的自然死亡、因各种敌害所造成的损失、被保险人及其家庭成员或者养殖人员的故意行为或重大过失行为造成的损失，则属于水产养殖保险合同的除外责任。

水产养殖保险合同保险金额的确定，鉴于承保的水平养殖产品种类不同，养殖方法不一样，加之各地区的自然条件、经济条件和养殖管理水平参差不一，故适用的方法也就不尽相同。适用较多的是按成本承保和按产值承保。前者是按照保险标的在收获时投入的总成本（最终生产费用）的全部或部分确定保险金额；后者则是以保险标的的市场价格或销售价格为依据确定保险金额。不论是按生产成本，还是按产值确定的保险金额，保险人最高承担70%的保险责任，另外30%的损失后果则由被保险人自己负担。

根据水产品养殖的生长周期的不同，水产养殖保险合同的保险期限可以适用两种方法予以约定：其一是保险期限为1年，连年续保直至保险标的生长期满。例如，蚌珠的生长期一般为3年，双方当事人可以约定保险期限为1年，连续续保3年。其二是约定以水产品的养殖生长期为保险期限。例如，海带养殖的生长期为当年8月放苗，次年6月份收获，则双方约定此生长期间是海带养殖保险合同的保险期限。

水产养殖因为出险损失不易确定，开办得不是很普遍，这里仅以淡水养鱼为例进行介绍。

1. 可保范围

符合下列条件的鱼类可作为保险标的：

（1）从事水产养殖的农户和水产养殖企业养殖的鱼类；

（2）单个农户最低起保面积10亩以上（加入合作社的农户起保

面积不受此限制）；

（3）鱼种在3厘米以上；

（4）品种为：冷水鱼、亚冷水鱼、特优品种鱼、常规品种鱼以及成鱼。

（5）鱼种、成鱼、亲鱼，其中3～14厘米以内为鱼种。

投保人应将符合投保条件的鱼类全部投保，不得选择投保。

保险责任期间为1年，保险责任期间具体以保险单载明的起讫时间为准。自本保险责任期间开始之日起30日内为保险鱼类的疾病观察期。如保险鱼类未在保险合同生效之日入保险单载明的连塘，则其观察期从入连塘之日起计算30日（含）。

2. 保险责任

在保险期间内，由于下列原因直接造成保险鱼类死亡且达到本合同约定成灾额的，保险人按照保险合同的约定负责赔偿：

（1）重大疾病，包括鲤春病毒血症，白斑综合症，草鱼出血病、传染性脾肾坏死病，锦鲤疱疹病毒病、刺激隐核虫病，淡水鱼细菌性败血症、病毒性神经坏死病、流行性造血器官坏死病、斑点叉尾鮰病毒病、传染性造血器官坏死病、病毒性出血性败血症、流行性溃疡综合症、桃拉综合征、黄头病、罗氏沼虾白尾病、对虾杆状病毒病、传染性皮下和造血器官坏死病、传染性肌肉坏死病、鮰类肠败血症、迟缓爱德华氏菌病、小瓜虫病、黏孢子虫病、三代虫病、指环虫病、链球菌病、河蟹颤抖病、包纳米虫病、折光马尔太虫病、奥尔森派琴虫病、鳖腮腺炎病、蛙脑膜炎败血金黄杆菌病、细菌性烂鳃病、细菌性肠炎病及其他爆发性流行病。

（2）自然灾害，包括暴雨、洪水、风灾、冰雹、雷击、地震、旱灾、冻灾、泥石流、山体滑坡。

（3）意外事故，包括火灾、爆炸、建筑物倒塌、空中运行物体坠落。

（4）水域污染。

（5）浮头。

在保险期间内，由于发生列明的高传染性疫病，政府实施强制扑杀导致保险鱼类死亡，保险公司也负责赔偿，但赔偿金额以保险金额扣减政府扑杀专项补贴金额的差额为限。

这里，所指成灾额以单一事故和单一连塘的保险重量计算，具体指以下情形：

（1）地震、干旱成灾的标准。每次地震、干旱事故造成保险标的损失率达40%时即为成灾，该损失率即为成灾率。

（2）浮头事故成灾的标准。连塘亩数在5亩以内，每次浮头事故造成保险标的损失率达25%时即为成灾，该损失率即为成灾率；连塘亩数在5~10亩内，每次浮头事故造成保险标的损失率达20%时即为成灾，该损失率即为成灾率；连塘亩数在10亩以上，每次浮头事故造成保险标的损失率达15%时即为成灾，该损失率即为成灾率。

（3）其他事故成灾标准。连塘亩数在5亩以内，每次事故造成保险标的损失率达25%时即为成灾，该损失率即为成灾率；连塘亩数在5~10亩内，每次事故造成保险标的损失率达20%时即为成灾，该损失率即为成灾率；连塘亩数在10亩以上，每次事故造成保险标的损失率达15%时即为成灾，该损失率即为成灾率。

这里，所指连塘亩数是指同一水面鱼塘的亩数。成灾额为实际损失额乘以成灾率。

下列原因造成的损失及费用，保险公司不承担赔偿责任：

（1）鱼卵的损失。

（2）小于3厘米长的鱼的损失。

（3）因战争引起的损失，因海关，卫生检疫条例查封的，被权力机关、管理机关或 监管机构销毁，没收或征用所造成的损失。

（4）因任何第三人故意谋害、破坏行为（例如投毒、电击等）所造成的所有损失。

（5）偷盗引起的损失。

（6）因缺乏或未使用日常保护措施而致使出现捕食性动物所造

成的损失。

(7) 因投保人、被保险人的故意毁损或者欺诈行为所造成的损失。

(8) 因未能遵守常规性的养鱼相关管理制度或操作细则造成的损失。对本条的认定有异议时，由保险公司确定的第三方专业机构进行评定（如农林科学院水产所等)。

(9) 因未能遵守保险合同附件所确定的鱼塘养鱼密度标准所造成的损失。对本条的认定有异议时，由保险公司确定的第三方专业机构进行评定（如农林科学院水产所等)。

(10) 因维护缺失导致的供、排水区域堵塞引起的缺水或积水溢流造成鱼死亡。

(11) 因下列因素导致的水质恶化而未采取适当防治措施：水体富营养引起的水体 寄居附有生物数量的变化、温度的变化、排放减少、植物增殖、微生物和酸性盐变化。

(12) 因自污造成的损失：指因养殖操作不当引起的物理和/或化学和/或生物方面 的变化，如维护缺失、处理不当、往池水倾倒有害物质等。

(13) 因已知的预防、卫生措施未能有效执行或因卫生、治疗措施没能在出现病害初期症状时有效实施而导致结果恶化造成的鱼病害死亡。

(14) 因政府或相关单位断水、断电造成的损失，因政府或相关单位下令的放水或蓄水行为和其他行政命令造成的鱼类死亡。

(15) 因供水，供氧机器自身故障或损坏造成的损失。

(16) 因正常季节性枯水期和干旱（参照当地气象站数据）而引起的鱼死亡损失。非正常季节性干旱应由气象站开出证明。

(17) 未保留死亡鱼体的损失（因洪水、地震、泥石流和山体滑坡而无法保留死亡鱼体的损失除外)。

(18) 因洪水、地震、泥石流和山体滑坡而无法保留死亡鱼体的，当每亩鱼塘赔付金额超过每亩鱼塘鱼险保费的 2.5 倍时，保险公司对该亩鱼塘因此造成的损失不再承担任何责任。

可以说，淡水养鱼保险中，保险公司的免除责任还是很多的，相对其他章介绍的保险品种，其免责条款明显大幅增加。

另外，下列损失、费用，保险公司也不负责赔偿：

（1）保险鱼类自保险合同生效之日起在30日（含）的观察期内因患有保险责任范围内的疾病而死亡，如保险鱼类未在保险合同生效之日入保险单载明的连塘，则其观察期从入连塘之日起计算30日（含）；

（2）运输过程中的自然灾害、意外事故导致保险鱼类的死亡；

（3）实际损失金额小于保险合同约定的成灾额的；

（4）按保险合同中约定的免赔率计算的免赔额。

3. 保险金额与保险费率

保险鱼类的保险金额参照鱼类品种、年龄，由投保人与保险公司协商确定，并在保险单中载明。

免赔额以单一事故和单一连塘的保险重量计算，区别以下情况：

（1）地震、干旱事故免赔额，单一地震、干旱事故的免赔率为损失金额的25%。

（2）浮头事故免赔额，单一浮头事故的免赔率为损失金额的35%。

（3）其他事故免赔额，单一事故的免赔率为损失金额的25%。这里，所说的连塘亩数是指同一水面鱼塘的亩数。

保险费计算公式为：

保险费=鱼类保险金额×鱼类保险费率×保险重量

保险重量的计算单位为公斤，以保险单载明的为准。

保险合同成立后，保险公司应当及时向投保人签发保险单或其他保险凭证。

保险公司按照条款的约定，认为被保险人提供的有关索赔的证明和资料不完整的，应当及时通知投保人、被保险人补充提供。保险公司收到被保险人的赔偿保险金的请求后，应当及时作出是否属于保险责任的核定；情形复杂的，应当在30日内作出核定，但保险合同另有约定的除外。

保险公司应当将核定结果通知被保险人；对属于保险责任的，在与被保险人达成赔偿保险金的协议后十日内，履行赔偿保险金义务。保险合同对赔偿保险金的期限有约定的，保险公司应当按照约定履行赔偿保险金的义务。保险公司依照前款约定作出核定后，对不属于保险责任的，应当自作出核定之日起三日内向被保险人发出拒绝赔偿保险金通知书，并说明理由。

4. 赔偿处理

（1）赔偿计算

保险事故发生时，被保险人对保险标的不具有保险利益的，不得向保险公司请求赔偿保险金。

保险鱼类遭受损失后，如果有残余价值，应由双方协商处理。如折归被保险人的，由双方协商确定其价值，并在保险赔款中扣除。

保险合同赔付以单一事故计算。单一事故是指5天内因同一事故原因造成的鱼死亡。保险鱼类发生保险事故的损失，保险公司按照以下方式计算赔偿：

①实际损失额小于本合同约定的成灾额的，保险公司不承担赔偿责任。

②实际损失金额大于或等于成灾额的，计算赔偿金额的方式如下：

赔偿金额=实际损失公斤数×每公斤成本价×（1-免赔率）

成本价格包括饲料及人工成本，根据鱼的种类和年龄计算，用X元人民币每公斤表示。最大封顶保额取决于鱼的种类。成本价格以保单上载明的为准。

因洪水、地震、泥石流和山体滑 坡而无法保留死亡鱼体的，每亩赔付金额的上限为每亩鱼险保费的2.5倍，保险公司根据具体损失情况进行赔付。

赔付分两次进行，保险事故发生后，先向被保险人支付核定损失的50%的预付赔款；在保险年度末统计全年成都市总赔款后，再进行个案清算。

（2）索赔时提交的单证

被保险人请求赔偿时，应向保险公司提供下列证明和资料：

①保险单正本；

②损失清单、政府防疫监督管理机构出具的真实合法的诊断证明、治疗证明、死亡证明和防疫记录等证明材料以及保险公司要求提供作为请求赔偿依据的其他证明材料；

③投保人、被保险人所能提供的与确认保险事故的性质、原因、损失程度等有关的其他证明和资料。

被保险人未履行前款约定的义务，导致保险公司无法核实损失情况的，保险公司对无法核实的部分不承担赔偿责任。

5. 注意事项

保险事故发生后24小时内通知保险公司，并书面说明事故发生的原因、经过和损失情况；故意或者因重大过失未及时通知，致使保险事故的性质、原因、损失程度等难以确定的，保险公司对无法确定的部分，不承担赔偿保险金的责任，但保险公司通过其他途径已经及时知道或者应当及时知道保险事故发生的除外；

尽力采取措施证明具体的损失，并在事故发生后调查事故可能的原因；

采用称重、测量和照相的方式证明死鱼的重量和尺寸大小，并对死鱼做详细的状态描述；

保护事故现场，允许并且协助保险公司进行事故调查。在保险公司的查勘人员到现场进行查勘前，被保险人不得擅自打捞死鱼。

其他注意事项与前文基本相同。

# 第六章　林果保险

## 农家保险

### 辽宁省森林保险签单面积达 3 128 万亩

自 2009 年 9 月 20 日启动森林保险以来，辽宁省林业厅多次牵头与财政厅、保监局、保险部门召开会议，共同商讨落实全省森林保险工作，并深入基层开展调研，广泛听取意见，及时向上级部门反馈全省森林保险的迫切需求。2010 年 7 月，省政府转发了《辽宁省森林保险工作方案》，省财政厅、省林业厅出台了《辽宁省森林保险保费补贴资金管理暂行办法》，辽宁省三家承保公司起草了《辽宁省森林综合保险条款》。2011 年 5 月，财政部将辽宁省纳入了国家森林保险试点省份，极大地增加了政策补助资金的比例。

辽宁森林保险工作遵循政府引导、政策支持、市场运作、自主自愿、协同推进的基本原则，按照试点先行、先易后难、稳步推进、讲究实效、逐步推开的工作思路展开。与其他地区相比，辽宁森林保险的具有 4 个主要特点：一是突出政策优惠。保险的经营主体，可以是林农也可以是国有林场、其他拥有森林的主体。保险的林种可以是商品林，也可以是公益林。二是突出财政补贴。森林保险实行中央、省、市、县（市、区）四级财政保费补贴制度。对商品林保险，中央补贴 30%，省补贴 25%，市县补贴 20%，林农或其他经营主体承担 25%；对公益林保险，中央补贴 50%，省补贴 25%，市县补贴 20%，林农或其他经营主体承担 5%。三是突出综合保险。辽宁省森林保险实行一次投保，包含多个险种，主要有火灾、洪水、泥石流、雨（雪）凇、暴风（雨、雪）、台风、冰雹、霜冻、干旱等。四是突出低保险广覆盖。为确保参保者灾后能迅速恢复生产，每亩保险额按保险林木的再植成本暂定为400元，保险费率不高于4‰，每亩保费不高于1.6元。

目前，参加森林保险的单位在辽宁全省14个市44个林业重点县区已有145个国有林场、36个私营股份制林场以及27.68万农户，截至8月10日，全省森林签单面积达3 128万亩，发生保费5 004万元。

资料来源　国家林业局网站，2011-10-18。

## 一、政策性森林综合保险

1. 可保范围

凡生长和管理正常的商品林、公益林（不含花卉、苗木），均可作为保险标的（简称保险林木）。

投保人应将其所有或管理的、符合上述条件的林木全部投保，不得选择投保。

花卉、苗木、橡胶树这类树木不属于保险标的，不能投保森林综合保险，个别地方对这几类树木开办有特定保险。

除另有约定外，政策性森林保险的保险期间为1年，以保险单载明的起讫时间为准，到期后如需续保，需再办理有关手续。

被保险人向保险公司请求赔偿的诉讼时效期间为两年，自其知道或者应当知道保险事故发生之日起计算。

2. 保险责任

在保险期间内，由于下列原因直接造成保险林木流失、被掩埋、主干折断、倒伏或者死亡，保险公司按照保险合同的约定负责赔偿：

（1）火灾；

（2）暴雨、暴风、台风；

（3）洪水、泥石流；

（4）冰雹；

（5）霜冻、暴雪、雨凇。

这里，雨凇指严寒致使雨雪在林木上结成的成下垂形状的冰块。

下列原因造成的损失、费用，保险公司不负责赔偿：

（1）投保人及其家庭成员、被保险人及其家庭成员、投保人或被保险人雇用人员的故意行为、管理不善；

（2）行政行为或司法行为；

（3）战争、敌对行动、军事行动、武装冲突、罢工、骚乱、暴动、恐怖活动。

下列损失、费用，保险公司不负责赔偿：

（1）当地洪水水位线以下的林木由于暴雨、洪水造成的损失；

（2）四旁树的损失；

（3）按照保险合同中载明的免赔率计算的免赔额；

（4）其他不属于本保险责任范围内的损失、费用。

四旁树指种植在宅旁、路旁、村旁、水旁的树。

3. 保险金额与保险费

保险林木的每亩保险金额参照保险林木损失后的再植成本（包括挖树根、清池、挖坑、移栽、树苗、施肥到树木成活所需的一次性总费用），由投保人与保险公司协商确定，并在保险单中载明。计算公式为：

$$保险金额=每亩保险金额\times保险面积$$

保险面积以保险单载明为准。

保险费的计算公式为：

$$保险费=\underset{（元/亩）}{每亩保险金额}\times\underset{费率}{保险}\times\underset{系数}{费率优惠}\times\underset{（亩）}{保险面积}$$

中国人保财险公司规定的每亩保险金额为300～800元。保险费率分地区有所不同，见表6—1。

表6—1 **分地区森林综合保险费率**

| 省级地区 | 费率（‰） |
|---|---|
| 西藏、吉林、辽宁（大连）、甘肃、青海、四川、山东（青岛）、陕西、新疆、宁夏 | 4.0～7.0 |
| 安徽、河南、重庆、广西、北京、天津、江苏、上海 | 5.0～9.0 |
| 海南、浙江（宁波）、福建（厦门） | 6.0～11.0 |
| 云南、山西、贵州、湖北、广东（深圳）、江西、湖南 | 8.0～15.0 |
| 河北、黑龙江、内蒙古 | 11.0～18.0 |

费率优惠系数为：按省级行政区域投保0.8；按地区行政区域投保0.9。

免赔率方面，每次事故免赔率为损失面积的10%，最高不超过15亩。

4. 政策性火灾保险

林木风险一大突出特点就是易受火灾损害，因此，国家开办了专门的政策性森林火灾保险。其有关条款、规定与森林综合保险基本相同，有关保险金额每亩也为300～800元，保险费见表6—2：

表6—2 **分地区森林火保险费率**

| 省级地区 | 费率（‰） |
|---|---|
| 西藏、吉林、辽宁（大连）、甘肃、青海、四川、山东（青岛）、陕西、新疆、宁夏 | 2.0～3.0 |
| 安徽、河南、重庆、广西、北京、天津、江苏、上海、海南、浙江（宁波）、福建（厦门） | 3.0～5.0 |
| 云南、山西、贵州、湖北、广东（深圳）、江西、湖南 | 5.0～7.0 |
| 河北、黑龙江、内蒙古 | 10.0～15.0 |

费率优惠系数为：按省级行政区域投保0.8；按地区行政区域投保0.9。

免赔率方面，每次事故免赔率为损失面积的10%，最高不超过15亩。

5. 附加保险

森林的附加保险为虫害附加保险。农户投保森林综合保险后，即可投保这种附加险。

在保险期间内，由于病虫害直接造成保险森林损失，损失率达到50%以上，保险公司负责赔偿。

虫害附加保险的保险金额每亩也为300～800元，保险费率为4‰～6‰。

6. 赔偿处理

（1）赔偿计算

保险林木遭受损失后，如果有残余价值，应由双方协商处理。如折归被保险人的，由双方协商确定其价值，并在保险赔款中扣除。

保险林木发生保险责任范围内的损失，保险公司按以下方式计算赔偿：

赔偿金额＝每亩保险金额×损失程度×受损面积×（1－免赔率）

损失程度＝平均单位面积损失株数/平均密度

发生保险事故时，保险单载明的保险面积小于其可保面积时，可以区分保险面积与非保险面积的，保险公司以保险单载明的保险面积为赔偿计算标准；无法区分保险面积与非保险面积的，保险公司按保险单载明的保险面积与可保面积的比例计算赔偿。

保险单载明的保险面积大于其可保面积时，保险公司以可保面积为赔偿计算标准。

保险林木发生部分损失，保险公司履行赔偿义务后，保险金额、保险面积自损失发生之日起相应减少，保险公司不退还保险金额减少部分的保险费。

（2）索赔时需提交的单证

被保险人向保险公司请求赔偿时，应向保险公司提供下列证明和资料：

①保险单正本；

②损失清单；

③灾害发生时间、地点的书面情况；

④投保人、被保险人所能提供的与确认保险事故的性质、原因、损失程度等有关的证明和资料。

7. 注意事项

（1）如实告知义务。订立保险合同，保险公司就保险林木或者被保险人的有关情况提出询问的，投保人应当如实告知。同时，投保人须如实提供保险林木基本情况和生产技术管理的资料，包括林场提供的投保林木的林班图，所在地一定比例的地形图（或平面图），并在图上标出主要树种、树龄、郁闭度、林相图、森林资源档案、四至和明显地物标。

（2）及时、足额交清保费。除另有约定外，投保人应在保险合同成立时交清保险费。保险费交清前发生的保险事故，保险公司不承担赔偿责任。

（3）妥善管理义务。被保险人应当遵守国家以及地方有关林业管理的规定，搞好林业管理，建立、健全和执行林业管理的各项规章制度，接受林业部门和保险公司的防灾检查及合理建议，切实做好安全防灾防损工作，维护保险林木的安全。

（4）尽力救灾义务。保险事故发生后，被保险人应该：

第一，尽力采取必要、合理的措施，防止或减少损失，否则，对因此扩大的损失，保险公司不承担赔偿责任。

第二，及时通知保险公司，并书面说明事故发生的原因、经过和损失情况；因故意或重大过失未及时通知，致使保险事故的性质、原因、损失程度等难以确定的，保险公司对无法确定的部分，不承担赔偿责任；但保险公司通过其他途径已经及时知道或者应当及时知道保险事故发生的除外。

第三，保护事故现场，允许并且协助保险公司进行事故调查。

专家观点

## 森林保险的国际经验及启示

在我国，森林保险覆盖率非常有限。笔者建议，在加深认识森林保险重要性的基础上，借鉴国外宝贵经验，以加快我国森林保险的发展。

森林保险是以防护林、用材林、经济林等林木，以及砍伐后尚未集中存放的原木和竹林等为保险标的，是对整个成长过程中可能遭受的自然灾害或意外事故所造成的经济损失提供经济保障的一种保险，发展好森林保险对森林资源有着很好的保障作用。

一、其他国家的经验借鉴

1. 瑞典

瑞典1920年开办了森林保险，迄今已有90多年的历史。其保险种类分为火灾保险和综合责任保险，后来逐步发展为以综合保险为主的林业保险业务。在业务结构中，火灾险约占40%，综合险约占50%。

具体实施方面，瑞典根据全国各地的地理位置、自然环境、气候条件、交通情况、群众习惯等因素，将全国森林划分为6个林区，不同林区规定不同的保险费率，保险金额是按单位面积立木蓄积量的价格确定，按森林面积收取保险费，按实际损失赔偿。瑞典森林保险业务经营稳定，其年均赔付率为40%以上。

瑞典的森林保险由私营商业保险公司经营，并成立联营再保险公司，承担联营分保业务。私营商业保险公司承保国有林、集体林和个人林场的人工林及林木产品。法律层面上，瑞典的《森林法》非常完善，为促进和保障森林保险的发展，提供了重要的法律依据。现行的《森林法》为1994年颁布的新法，并每4年进行一次评估，以适应林业发展的需要。

2. 芬兰

芬兰的森林保险业务始于1914年，当时只开展了森林火灾保险，承保对象包括国有林、企业财团所有林、教会及个人林场。经过近百年的发展，芬兰森林保险承保的数量和险种都有很大发展，经营险种包括森林火灾保险、森林重大损失保险、森林综合保险和森林附加保险。

具体实施上，全国划分20个林区实行差级费率，重大损失险享受费率优待，并由芬兰政府提供相应的基金补贴。另外，芬兰的《森林改良法》还规定，政府应对私有林主提供免费的技术支持，对促进森林保险的开展起到了积极的作用。在保险赔付上，由于森林保险具有政策性保险的特征，芬兰政府给予了大力的政策支持，为森林保险提供基金补贴，例如，造林政府补贴占到了全部损失金额的2/3。

芬兰的森林保险是在政府农林部领导监督下，由联营保险公司经营。具体地说，芬兰的林业保险是由许多私人保险公司组成的芬兰保险中央联盟来经营的，而各私人保险公司又统属社会事务和卫生部的保险局管理。承保对象包括国有林、企业财团所有林、教会及个人林场。

3. 日本

随着大规模造林和森林火灾风险的增大，1937年，日本开始考虑发展森林火灾保险。当年，日本帝国议会通过《森林火灾国营保险法》，并设立了森林火灾保险特别会，由政府对人工林进行保险。1961年，气象灾害险被列入森林保险险种，改变了单一火灾险的局面。1978年，为分散火山喷发造成森林山火的损失，增加了喷火险。这样，在日本就形成了火险、气象险和喷火险三大险种的综合险。

具体实施上，日本根据树种、林龄、立地条件确定不同的保险费和保险额。另外，日本专门设有森林国营保险险种，政府对森林进行保险，由农林水产省林业厅根据所拥有的全国详细林地档案和森林调查资料，制定全国统一的林木价值标准和保险费率。在森林国营保险投保和索赔的操作过程中，林业合作社，即日本森林组合，发挥着“上传下达”的作用。同时，森林组合本身还对社员提供森林互助保险（共济）服务。

日本森林保险的投保和索赔手续非常简便。为节约林木资产评估费用，日本林业厅拥有详细的全国林地档案和森林调查资料，还制定了全国统一的林木价值标准和保险费率，投保人自己可计算出林木资产价值和保险费额。其森林保险金的管理方式为：各地林业厅收取保险金并最后上缴总务省金融厅，再按森林灾害发生后的偿付需求划回林业厅。

二、对我国森林保险的启示

1. 加强立法工作以规范森林保险的发展。尽管以上国家都有各自的特点和具体的开展方式，但是这些国家的政府都制定了相关的法律法规来规范和支持森林保险的发展。例如，日本的《森林火灾国营保险法》、瑞典的《森林法》、芬兰的《森林改良法》等，都为促进该国森林保险的发展提供了重要的法律依据和保障。而我国除了1982年颁布的《森林保险条款》对森林保险有简单规定外，有关森林保险的具体法律和行政法规至今尚未出台。由于缺乏专门针对森林保险的相关法律法规，对森林保险的性质也没有明确规定，森林保险的组织机构、业务开展形式等，都按商业保险的规范来实施。

2. 政府的政策支持和各项措施的配套建设。由于森林的公益性和林业的产业弱质性，各国政府均采取有效措施支持森林保险事业发展，发挥政府在森林保险中的主体作用，强化森林保险的政策性。如日本的森林国营保险及森林保险基金的运作方式，芬兰政府设置的森林保险补助基金等。目前，我国森林保险处于起步阶段，只有国家在政策层面和资金层面上给予一定的扶持，森林保险才能健康持续的发展。

3. 建立完善的森林保险险种体系。国外森林保险的发展历程，都是从单一的森林火灾保险开始，慢慢走向其他意外自然灾害险种和人为意外损失险种等，以适应多种森林风险防范的需要。所以，我国也应该逐步发展森林综合险种的保险，满足广大林业经营者的需求。在险种开办上，可以考虑开办森林火灾保险、森林重大损失保险、森林综合保险和森林附加保险等。

资料来源 刘芳芳、李苏娟、郭永姗：《森林保险的国际经验及启示》，中保网，2011-03-23。

## 二、政策性苹果冰雹灾害保险

苹果在我国北方种植较为普遍，辽宁种植也很多。这里，就以苹果的有关保险作为代表介绍果类保险，其他树木类水果与之相类似。下文介绍的中国人民财产保险股份有限公司大连市分公司开办的苹果冰雹灾害保险，其他灾害保险因界定等原因各地开办情况不一，农户如有投保需求，可向当地保险公司咨询。

1. 可保范围

符合下列条件的苹果可作为保险标的（简称“保险苹果”）：

（1）经过政府部门审定的合格品种，符合当地普遍采用的种植规范标准和技术管理要求。

（2）平均单株挂果 150 个以上，近 3 年平均亩产值在 3 000 元以上，且栽培面积大于 20 亩的独立或联户成片果园。

（3）生长正常。

投保人应将符合上述条件的苹果全部投保，不得选择投保。

保险责任期间自保险苹果树坐果时起，至保险苹果成熟期采摘时止，具体保险期间以保险单载明为准，但不得超出当年 5 月 1 日至 11 月 15 日。

2. 保险责任

在保险期间内，因冰雹灾害直接造成保险苹果被击落、击伤，不能正常生长，果品等级下降的，保险公司按照保险合同的约定负责赔偿。

这种保险所说的雹灾，是指在对流性天气控制下，积雨云中凝结生成的冰块从空中降落，造成保险苹果严重的机械损伤而带来的损失。

下列原因造成的损失、费用，保险公司不负责赔偿：

（1）投保人及其家庭成员、被保险人及其家庭成员、投保人或被保险人雇用人员的故意行为、管理不善；

（2）行政行为或司法行为。

下列损失、费用，保险公司不负责赔偿：

（1）因冰雹灾害造成保险苹果树自身枝叶的损毁；

（2）冰雹灾害以外的自然灾害、意外事故、病虫害、鸟啄、自然落果等不属于本保险责任范围内的损失、费用；

（3）发生保险责任范围内的损失后，被保险人自行放弃对保险标的管理或改种其他作物的；

（4）根据保险合同载明的免赔率计算的免赔额。

3. 保险金额与保险费率

保险苹果的每亩保险金额根据每亩平均产值确定。

（1）每亩平均产值在3 000元（含）至6 000元之间的，每亩保险金额为2 000元。

（2）每亩平均产值达到6 000元（含）以上的，每亩保险金额为4 000元。保险金额的计算公式为：

保险金额=每亩保险金额×投保面积

政策性苹果冰雹灾害保险的保险费率为3%，保险费的计算公式为：

保险费=每亩保险金额（元/亩）×保险费率×保险面积（亩）

4. 赔偿处理

保险苹果发生保险责任范围内的损失，保险公司按以下方式计算赔偿：

$$\text{赔偿金额}=\text{每亩保险金额}\times\text{不同月份最高赔偿标准比例}\times\text{损失率}\times\text{受损面积}\times(1-\text{绝对免赔率}10\%)$$

损失率=单位面积果实损失数量/单位面积平均果实数量

（1）全部损失（果实破裂无法继续生长或果实被冰雹击落）时，不同月份最高赔偿标准比例为100%；

（2）部分损失（按单果平均雹痕数量确定）时，不同月份最高赔偿标准比例见表6—3：

表6—3　部分损失时不同月份的最高赔偿标准比例　单位：%

| 出险月份 | 单果平均雹痕 | 5—6月 定果前 | 5—6月 定果后 | 7月 | 8月 | 9月 | 10—11月 |
|---|---|---|---|---|---|---|---|
| 每亩最高赔偿标准 | 1个 | 0 | 10 | 20 | 30 | 40 | 50 |
| | 2个 | 5 | 20 | 30 | 40 | 50 | 60 |
| | 3个 | 10 | 30 | 40 | 50 | 60 | 70 |
| | 4个 | 15 | 40 | 50 | 60 | 70 | 80 |
| | 5个以上 | 20 | 50 | 60 | 70 | 80 | 90 |

保险苹果因雹灾发生部分损失，统一在果实成熟期采摘后计算赔偿。单次雹灾损失按上表最高赔偿标准计算赔偿；多次雹灾损失根据最终实际损失程度与每亩平均产值的比例计算赔偿。

保险苹果既遭受雹灾损失，又遭受非保险责任事故损失的，保险公司应根据实际情况界定责任，把非保险责任事故造成的损失从总损失中扣除后再予赔付。

已开始采摘的果园，在赔款时要按采摘部分占保险金额的比例相应扣除。采摘数量达到90%（含）以上的果园，保险公司不再承担赔偿责任。

保险苹果遭受损失后，如果有残余价值，应由双方协商处理。如折归被保险人的，由双方协商确定其价值，并在保险赔款中扣除。

保险产量参照当地苹果品种前三年平均亩产量确定；保险价格按该品种前三年市场平均价格确定。保险产量及价格必须在保险单上注明，无论是否发生雹灾损失，凡当年实际亩产值高于三年平均亩产值的（以保险单填写数据为准），保险公司不承担赔偿责任。

苹果雹灾保险的注意事项等相关义务，与森林综合保险基本相近，在此不再赘述。

小资料

## 国元农业保险给砀山酥梨撑起"保护伞"

"果中甘露子，药中圣醍醐"——被冠以如此美誉的砀山酥梨，有一个生动的传说：成熟的果子若是自己从树上掉下来，"啪"的一声，摔得粉碎，过一会儿，就会只剩下果皮和果核，而果肉的部分早已化成汁水融进泥土里。

这个传说告诉了人们，砀山酥梨是有多么酥、多么脆。可是对于果农来说，一旦在果子成熟期间遇上大风或者雷暴雨天气，酥梨的这个优点就会立马变成致命的缺点，直接导致酥梨减产甚至绝收。直到去年，国元农业保险极富特色的"果树保险"出现，砀山的果农们才终于告别了"靠天吃饭"的境况。

4 月 10 日，随着 2012 中国砀山梨花旅游暨民俗文化节的隆重开幕，"梨都果海"再一次变成了万众瞩目的焦点。千树万树、数百万亩洁白似雪的梨花风姿绰约，仿佛在告诉人们今年的秋天，又将会是个丰收年。带着对梨花的喜爱，带着对果农们的关怀，更带着对酥梨丰产丰收的期待，国元农业保险股份有限公司董事长张子良一行，在梨花盛放的时节来到砀山，参观考察万亩果园，并与砀山果园场的园艺师、水果专业合作社的果农们亲切交谈，实地了解果农们的需求，以及他们对果树保险的意见与建议。

### 一、"果树保险"为砀山水果产业遮风挡雨

对于"果树保险"这个新鲜词儿，很多人可能都会觉得很陌生。尽管"果树保险"还是个新鲜事物，但是它给砀山县水果产业撑起了不畏天灾的"保护伞"。从 2011 年 4 月至今，国元农业保险结缘砀山的故事，在这方热土上一直被津津乐道。

在历史悠久的砀山县，近百万亩连片果园年产各类水果 30 亿斤，堪称世界之最。然而，作为砀山县支柱产业的果树保险却一直存在着缺失，为进一步发挥农业保险作用，完善农业种植保险保障体系，促进此项特色支柱产业的快速发展，砀山县委、县政府多次向安徽省直

有关部门请示，要求将砀山果树保险纳入地方政策性保险。

2011 年 4 月 21 日，砀山县政策性农业（果树）保险签约仪式在砀山果园场举行。国元农业保险公司砀山支公司与砀山县农险办、砀山果园场和砀山园艺场分别签订了政策性果树保险试点协议和承保合同，第一批试点承保梨树 21 760 亩，并成立了果树查勘定损评定工作小组，统属县农险办管理（注：政策性果树保险每亩保费 50 元，保额为每亩 1 000 元；县财政局每亩补贴 35 元，农户每亩自缴 15 元）。自此，砀山果农们迈开了告别“靠天收”的第一步。

谁都没有想到，仅仅 4 个月后，一场突如其来的天灾就降临了。2011 年 8 月中旬，砀山县遭受狂风暴雨等强对流天气，正在成长的酥梨遭受重创。随即，果树查勘定损评定工作组前往现场进行了查勘，记录了相关情况，国元农保在第一时间就将理赔资金赔付到户。共向 411 户果农支付赔付金额 62.9 万元，挽回了大部分的经济损失，受到了参保农户的一致好评。很多果农都说，给果树投了保，对于这一年的收成，就算是吃下了“定心丸”。

**二、现场签下 2.8 万亩果树保单**

在砀山果园场的座谈会上，国元农业保险现场签单承保 28 000 亩果树，国元农业保险砀山支公司负责人贾冬梅与果园场、果农代表现场签约。一位果农笑着跟记者说，果树有了保险，旱涝都保收，咱的干劲儿更十足！

国元农业保险董事长张子良向记者表示，“中央一号文件”连续数年聚焦“三农”，对发展“特色农业”尤其重视。为促进安徽省特色农业发展，促进农业增效和农民增收，今年，国元把发展特色农业保险作为重点工作，加强产品开发，加大推进力度，努力扩大覆盖面和承保率。并且，安徽省也出台了有关规定，省财政给予一定的保费补贴。

据了解，目前，国元农业保险开发试点的特色农产品保险险种已达到近 30 个，基本覆盖安徽省各地主要的特色农作物。

资料来源　刘甜甜：《国元农业保险给砀山酥梨撑起“保护伞”》，人民网，2012-04-12。

# 第七章　新型农村合作医疗

## 农家保险

### 中国8.32亿人参加“新农合”缓解农民看病难

中国卫生部农村卫生司司长杨青27日在北京说，2011年，中国内地参加新型农村合作医疗人数为8.32亿人，参合率超过97%，全年受益13.15亿人次，各级财政对新农合的补助标准从每人每年120元人民币提高到200元人民币。

卫生部27日召开专题新闻发布会，介绍新农合工作进展情况。杨青表示，2011年，新农合制度取得新进展，门诊统筹普遍开展，新农合政策范围内的住院费用报销比例从60%提高到70%左右，最高支付限额从3万元人民币提高到不低于5万元人民币。

杨青说，中国已普遍实现了统筹区域内农民看病就医即时结算报销资金的目标，超过70%的统筹地区实现省市级定点医疗机构即时结报，超过70%的地区开展了不同形式的支付方式改革。

在农村居民重大疾病医疗方面，截至2011年底，提高儿童先心病、急性白血病医疗保障水平工作在全国全面推开。2011年全国共救治白血病患儿7 200余名，医疗总费用1.45亿元人民币，累计补偿约9 400万元人民币。

杨青表示，官方将在2012年全面推开儿童白血病、儿童先天性心脏病、终末期肾病、妇女乳腺癌、宫颈癌、重性精神疾病、耐药肺结核、艾滋病机会性感染等8类重大疾病保障工作。

同时，中国还将调整基金支出结构和新农合补偿方案，2012年，全国新农合参合率继续保持在95%以上。人均筹资水平达到300元左右，其中各级政府财政补助标准达到每人每年240元人民币。新农合政策范围住院费用报销比例达到75%左右，最高支付限额不低于全国农民人均纯收入的8倍，且不低于6万元人民币。

日前，中国国务院召开常务会议提出，到2015年，新农合政府补助标准将提高到每人每年360元人民币以上。

资料来源 欧阳开宇、周兆军：《中国8.32亿人参加“新农合” 缓解农民看病难》，中国新闻网，2012-02-27。

由于受经济条件的制约，在农村，“小病拖、大病挨、重病才往医院抬”的情况司空见惯。因病致困、因病返贫已成为突出的社会问题。农村的贫困户中70%是因病导致的。新型农村合作医疗就是为解决这一问题而制定的办法。

## 一、主要内容

1. 概况

新型农村合作医疗一般简称为新农合，是指由各级政府组织引导、农村居民自愿参加、集体扶持、财政资助相结合、以大病统筹为主的农村居民互助共济的基本医疗制度。

新型农村合作医疗有以下几个性质：第一，社会医疗保险性质，这主要是从筹资和补偿来看的，所以，其又称为新型农村合作医疗保险。第二，社区互助性质，新型农村合作医疗建立在农民自愿互利、户主共济基础之上，是一种社区互助性质的医疗保障，所以，其又不是绝对意义上的保险。

2. 新型农村合作医疗的特点

农民合作医疗互助共济的根本性质不变，都是为了共同抵御疾病风险而建立的一种医疗互助共济制度。新型农村合作医疗有以下6个方面特点：

（1）政府组织、支持力度强而有力。新农合中，“个人出小头、国家出大头”。例如，某地2011年个人参合金是30元，根据国务院及省财政厅、卫生厅有关精神，2012年人均筹资额提高到250元，其中个人缴纳50元、国家补助200元，可补偿费用的补偿比不低于70%。

（2）以大病为主。大病对居民家庭的影响巨大，尤其是农户，所以，新农保主要针对大病，兼顾受益面，与各地经济水平和群众心理承受能力相适应，将重点放在解决农民因患大病而导致贫困的问题上，保障水平明显提高。

（3）明确了农民自愿参加的原则，赋予农民知情、监管的权利，提高了制度的公开、公平和公正性。

（4）由政府负责和指导建立组织协调机构、经办机构和监督管理机构，加强领导、管理和监督，克服了管理松散、粗放的不足。

（5）建立医疗救助制度，照顾到了弱势人群的特殊情况。绝大多数地方规定，低保户（指民政局核定的最低生活保障线以下的对象）、五保户、特困户参加新型农村合作医疗，个人缴费部分由各级政府财政（一般为乡镇、街道，也有县级财政）负担。有的进一步规定，因患病经新型农村合作医疗报销后仍影响家庭基本生活的，再给予适当的医疗救助。

3. 参加新型农村合作医疗的对象

新型农村合作医疗制度是为了解决农民因病致贫、因病返贫问题，所以，参加新型农村合作医疗的对象是农村户籍人口，而且需以户为单位参加，不能以个人名义单独参加。例如，某户有4口人，只交2人的钱，其他2人不交，这是不行的。

新型农村合作医疗管理是以户为单位，要求全家都参加，如果有1人不参加，全家就都不能参加、不予发证。已经参加各类商业保险的农民，也可同时参加新型农村合作医疗。试点乡镇未参合人员可同全区启动一并参加。中小学生和学龄前儿童按户随父母参加。农村中，未参加城镇医疗保险和未以农民家庭为单位参加新型农村合作医疗的乡镇企业职工；外出打工、经商、上学的农村居民，也可参加农村合作医疗。非农业人口不能参加合作医疗，但也有地方规定，因小城镇建设占用土地的农转非人员可以参加，各地略有差别。办理时需向政府咨询。而且，任何单位和个人不能强迫农户参加新农合，严禁硬性摊派，农户参加必须完全自愿。

4. 参加新型农村合作医疗的好处

参加新型农村合作医疗的好处是：凡参加新型农村合作医疗的人员，年度内门诊、住院医药费用可按规定的补偿比例报销。享受补偿的具体情况如下：

（1）门诊。门诊不设起付线，门诊报销比例不高于25%。设封顶线为150元。

（2）住院。住院设起付线，乡镇卫生院起付线不低于100元，报销比例不低于50%；县级定点医疗机构起付线不低于200元，报销比例不低于40%；县级以上定点医疗机构起付线不低于400元，报销比例不低于30%，起付线为个人自付部分。

小资料

### 新农合的来龙去脉

农村合作医疗是由我国农民自己创造的互助共济的医疗保障制度，在保障农民获得基本卫生服务、缓解农民因病致贫和因病返贫方面发挥了重要的作用。它为世界各国，特别是发展中国家所普遍存在的问题提供了一个范本，不仅在国内受到农民群众的欢迎，而且在国际上得到好评。在1974年5月的第27届世界卫生大会上，第三世界国家普遍表示热情关注和极大兴趣。联合国妇女儿童基金会在1980—1981年年报中指出，中国的“赤脚医生”制度在落后的农村地区提供了初级护理，为不发达国家提高医疗卫生水平提供了样本。世界银行和世界卫生组织把我国农村的合作医疗称为“发展中国家解决卫生经费的唯一典范”。但自20世纪70年代末到80年代初，由于农村合作社体制的逐步解体，农村内的“工分制”瓦解，赤脚医生无法通过从事医疗活动来换取工分进而获得粮食等其他生活资料，赤脚医生便完全丧失了外出行医的动力。另外，由于合作社的瓦解无法再为村内卫生所的正常运行提供资金来源，导致村内的公共卫生机构无法继续支撑而瓦解。所以从赤脚医生和村内卫生所这两方面来看，自从合作社体制瓦解以后，农村内的公共医疗机制基本上呈现着真空的状态。合作医疗在将近50年的发展历程中，先后经历了20世纪40年代的萌芽阶段、50年代的初创阶段、60~70年代的发展与鼎盛阶段、80年代的解体阶段和90年代以来的恢复和发展阶段。面对传统合作医疗中遇到的问题，卫生部组织专家与地方卫生机构进行了一系列的专题研究，为建立新型农村合作医疗打下了坚实的理论基础。1996年年底，中共中央、国务院在北京召开全国卫生工作会议，指出："现在许多农村发展合作医疗，深得人心，人民群众把它称为'民心工程'和'德政'。"随着我国经济与社会的不断发展，越来越多的人开始认识到，"三农"问题是关系党和国家全局性的根本问题。而不解决好农民的医疗保障问题，就无法实现全面建设小康社会的目标，也谈不上现代化社会的完全建立。大量的理论研究和实践经验也已表明，在农村建立新型合作医疗制度势在必行。

新型农村合作医疗制度从2003年起在全国部分县（市）试点，到2010年逐步实现基本覆盖全国农村居民。

## 二、参加办法

1. 参加新农合的具体办法

想要参加新农合的农户可到新农合管委会办公室在当地乡镇卫生院或社区卫生服务中心设立的新农合服务办公室办理参合手续，也可到办理参合手续的代理机构办理，具体可先向村委会或社区咨询。

参加新农合需携带的资料有：户口本原件、身份证复印件、农村信用社存折、背面标注有参合人员姓名的1寸近期免冠照片、缴费资金。

有的地方规定，新生儿在出生前可提前办理，这样新生儿出生后即可享受新农合的有关政策。

2. 参加新农合的时间

参加新农合的农户必须在规定时间（一般为当年 12 月初至次年的 2 月底，最早的当年 9 月开始办理）内足额缴纳费用，下一年度 1 月 1 日起即可凭《新农合就诊卡》到定点医疗机构就医，并按照交一年保一年的规定享受相应补偿待遇。参加新型农村合作医疗，不是随时都可以的，新型农村合作医疗制度规定，以户为单位在政府规定的时间内统一办理参加，超过规定时限就不能办理了，只能等到下一年才能参加。因此，农户要及时办理，不可错失良机。

## 三、新农合交费

1. 交费程序

新农合的交费程序是：把钱交给指定的代收人，代收人出具正式票据。参合人员缴费后，由新型农村合作医疗办公室以户为单位发给《新型农村合作医疗证》和家庭账户卡。医疗证是就医、报销医疗费用的重要依据，需妥善保管。如遇损坏或丢失，补证和补卡费用自理。

五保户、特困户参加新型农村合作医疗个人交纳的 10 元从医疗救助基金中予以解决；残疾人参加新型农村合作医疗个人交纳的 10 元从残疾人劳动就业保障基金中予以解决。

参合人员住院前必须出示《合作医疗证》，这是因为：

（1）区内定点医院对参合农民住院治疗费、检查费、药费给予一定的优惠。

（2）区内定点医院为参合农民提供超出合作医疗支付范围的服务和用药时，要征求参合人员或家属同意。

（3）参合农民在区内定点医院住院，出院后当场兑现合作医疗补助款。

2. 费用数

各省市对参加新农合缴纳的费用数规定不一，各市可在省统一规定的基础上进行确定，而且，近几年总数在逐年增加。例如，沈阳市

2012年进一步提高农民医疗保障水平，各级财政对新农合补助标准不低于240元，农民个人缴费50元，全市新农合筹资标准提高到290元。提高报销比例和最高封顶线，政策范围内住院费用报销比例达到75%左右，最高支付限额不低于农民人均年收入的8倍。又如，绥中县2012年三级财政对新农合的人均补助标准从去年的200元提高到240元，农民个人缴费从去年的每人30元提高到每人50元；补偿标准最高支付限额不低于6万元，政策范围内住院费用报销比例达到75%左右。

## 四、报销范围及比例

1. 补偿范围与标准

（1）门诊补偿

①村卫生室及村中心卫生室就诊报销60%，每次就诊处方药费限额10元，卫生院医生临时补液处方药费限额50元。

②镇卫生院就诊报销40%，每次就诊各项检查费及手术费限额50元，处方药费限额100元。

③二级医院就诊报销30%，每次就诊各项检查费及手术费限额50元，处方药费限额200元。

④三级医院就诊报销20%，每次就诊各项检查费及手术费限额50元，处方药费限额200元。

⑤中药发票附上处方每贴限额1元。

⑥镇级合作医疗门诊补偿年限额5 000元。

（2）住院补偿

①报销范围。药费、辅助检查（心脑电图、X光透视、拍片、化验、理疗、针灸、CT、核磁共振等）各项检查费限额200元；手术费（参照国家标准，超过1 000元的按1 000元报销）。

②报销比例：镇卫生院报销60%；二级医院报销40%；三级医院报销30%。

（3）大病补偿

①镇风险基金补偿：凡参加合作医疗的住院病人，一次性或全年累计应报医疗费超过 5 000 元以上的，分段补偿，即 5 001 ~ 10 000 元补偿 65%，10 001 ~ 18 000 元补偿 70%。

②镇级合作医疗住院及尿毒症门诊血透、肿瘤门诊放疗和化疗补偿年限额 1.1 万元。

（4）不属报销范围

属以下情形之一者，不予报销：

①自行就医（到未指定医院就医或不办理转诊单）、自购药品、公费医疗规定不能报销的药品和不符合计划生育的医疗费用；

②门诊治疗费、出诊费、住院费、伙食费、陪床费、营养费、输血费（有家庭储血者除外，按有关规定报销）、冷暖气费、救护费、特别护理费等其他费用；

③车祸、打架、自杀、酗酒、工伤事故和医疗事故的医疗费用；

④矫形、整容、镶牙、假肢、脏器移植、点名手术费、会诊费等；

⑤报销范围内，限额以外部分；

⑥县新型农村合作医疗管理委员会审核认为不宜报销的其他费用。

各地规定略有不同，但是相差很小。

**小资料**

**辽宁新农合“补充险”2013 年 1 月起实施**

2012 年 8 月底，辽宁省卫生厅农村卫生处处长张玺春告诉记者，在 2012 年的卫生工作报告中，针对提高新农合保障水平已有明确目标，为提高其保障水平，已经将政府补助标准提高到 240 元，达到人均每年 290 元的筹资标准。同时，在政策范围内的住院报销比例要达到 75% 左右，最高支付限额 6 万元，像鞍山、大连等地，这个数额可能还要再多些。总之，最高支付限额不低于农民人均年收入的 8

倍。目前，辽宁省的新农合医保政策，已经实现了包括儿童白血病等8类大病种的全覆盖，肺癌等12类疾病纳入保障范围。

针对新政，张处长说，新政刚刚出台，他们还没有接到正式文件，但可以推断得出，辽宁在确定“大病保险”的病种范围上，仍会以儿童白血病等20个病种为主。新政中提到补充保险，一直以来，卫生部门联合财政、劳动保障等部门已经多次调研论证，希望可以利用每年的结余来筹集大病保险资金，建立医保外的补充保险。明年，辽宁有可能将新农合的筹资标准定在350元以上，届时，结余下来的资金就可以作为筹集大病保险资金，这样建立起来的补充保险就可以支撑大病保险。预计辽宁的惠民新政将在明年1月1日起实施，具体细节还要等到文件出台后确定。

8类大病全覆盖：

儿童白血病、儿童先天性心脏病、终末期肾病（尿毒症）、乳腺癌、宫颈癌、重性精神病、耐多药肺结核、艾滋病机会性感染。

12类试点大病：

肺癌、食道癌、胃癌、结肠癌、直肠癌、慢性粒细胞白血病、急性心肌梗塞、脑梗死、血友病、Ⅰ型糖尿病、甲亢、唇腭裂。

资料来源 《辽宁新农合“补充险”预计明年1月起实施》，载《沈阳晚报》，2012-09-01。

## 五、报销办理

1. 报销必备证件

住院报销持本人身份证、户口本、合作医疗证、住院专用收据、住院收费清单、医院盖章的诊断证明，六种证件缺一不可。门诊输液报销（指在一级医院和经批准的社区卫生服务站，区内二级医院儿科门诊输液人员）必须持本人身份证、户口本、合作医疗证、新型农村合作医疗统一印制的门诊专用收据、输液清单，缺一不可。

2. 报销时间

（1）输液报销时间

在一级医院和区内二级医院儿科门诊输液病人，实行即结即报；在经批准的社区卫生服务站门诊输液，带齐必备证件随时到所在乡镇医院新农合结报点办理报销业务。

（2）住院报销时间

在区内定点医院住院实行即结即报。区外住院报销，由申请人或家属持上述凭证和乡镇（街道）、村（街）委会填制的新型农村合作医疗补偿申请表，并经乡镇（街道）合作医疗办公室主管领导和村（街）领导签字后，到有关结报中心（有的设在保险公司）报销，时间在参合本年内有效。

3. 报销程序

（1）在县内定点医疗机构门诊就诊的医药费在就诊医疗机构刷卡报销。定点医疗机构要每月汇总并及时填报《新型农村合作医疗门诊医药费报销一览表》和《新型农村合作医疗门诊医药费申请核拨表》，向县农医办办理费用审核拨付手续。

（2）在县内定点医疗机构住院诊治，可以享受新型农村合作医疗资金报销的部分费用，在办理出院手续时，由就诊定点医疗机构刷卡报销。定点医疗机构要每月汇总并及时填报《新型农村合作医疗住院费用一览表》和《新型农村合作医疗住院费用申请核拨表》，向县农医办办理费用审核拨付手续。

（3）在县外医保定点医疗机构门诊、住院诊治，先由参合人员垫付一切费用，医疗终结后，持定点医疗单位的有效票据、汇总清单、病历卡、新型农村合作医疗卡及身份证复印件，到所在地乡镇农医办申报，由乡镇农医办上报县农医办进行审核报销。

（4）特殊病种（恶性肿瘤、结核病、精神病、再生障碍性贫血、慢性肾功能衰竭透析、系统性红斑狼疮、血友病）在县内、县外定点医疗机构门诊就诊所发生的医药费，先由参合人垫付一切费用，医疗终结后，持定点医疗单位的有效票据、病历卡、医院证明、身份证复印件及新型农村合作医疗卡，到所在地乡镇农医办申报，由乡镇农医办上报县农医办按住院报销办法给予报销（病程较长、医疗费较高的，中途视情况预报销）。

（5）已参加商业保险的人员发生的医疗费用，可持商业保险公司的理赔单和有效票据复印件按上述办法报销，但两者报销总额不得超过实际发生医疗费。

参加新型农村合作医疗人员的用药范围、诊疗项目、医疗服务设施标准等参照有关基本医疗保险制度执行。

**小资料**

**六部委促城乡居民大病保险，大病自付至少报销五成**

近日，国家发展和改革委、卫生部、财政部、人社部、民政部、保险监督管理委员会等六部委《关于开展城乡居民大病保险工作的指导意见》（以下简称《意见》）发布，明确针对城镇居民医保、新农合参保（合）人大病负担重的情况，引入市场机制，建立大病保险制度，减轻城乡居民的大病负担。为此，《人民日报》记者李红梅采访了国家发展改革委副主任、国务院医改办公室主任孙志刚。

一、切实减轻人民群众大病医疗费用负担

大病的医疗费用高昂。虽然当前全民医保体系初步建立，全国人民中的13亿人有了医保、新农合，政策范围内报销比例也在不断提高，但是城乡居民的个人负担仍然较重，甚至造成因病致贫、因病返贫的现象。

孙志刚说，城乡居民大病保险，是在基本医疗保障的基础上，对大病患者发生的高额医疗费用给予进一步保障的一项制度性安排，有利于切实减轻人民群众大病医疗费用负担，解决因病致贫、因病返贫问题，促进社会公平正义。

那么，什么是大病？大病保险的保障水平有多高？孙志刚指出，在设计大病保险的保障范围和目标时，参考了世界卫生组织关于

"家庭灾难性医疗支出"的定义。"经测算，各地城镇居民年人均可支配收入或农民年人均纯收入，可作为当地家庭灾难性医疗支出的标准。当参保患者个人负担的医疗费用超过这个标准时，很可能使家庭在经济上陷入困境。"孙志刚说。

《意见》明确，大病保险对这小部分人群个人负担的合规医疗费用在基本医保已经报销的基础上再次给予报销，要求实际报销比例不低于50%。也就是说，患者进行大病保险报销时，是以实际发生的医疗费用为准，报销范围更宽泛。

孙志刚说，这里的合规医疗费用不局限于基本医保政策范围内，但为避免浪费和过度负担，不是基本治疗所必须的项目不列入报销范围。极少数低收入或发生巨额医疗费用的人，还有可能面临困境。要切实解决这些极少数人的个性化困难，需要通过救助的办法加以解决，在医院、医保和医疗救助机构之间形成信息顺畅、快速应对的工作机制，争取做到发生一例、救助一例、解决一例。

二、个人不需再缴费

大病保险是全民医保体系中新设计的一类补充保险，《意见》明确，大病保险的保障对象是城镇居民医保、新农合的参保人，所需要的资金从城镇居民医保基金、新农合基金中划出，不再额外增加群众个人缴费负担。

个人不用再额外缴费，并且原则上医疗费用越高报销越多。《意见》指出，各地结合当地经济社会发展水平、医疗保险筹资能力、患大病发生高额医疗费用的情况、基本医疗保险补偿水平，以及大病保险保障水平等因素，精细测算，科学合理确定大病保险的筹资标准。按医疗费用高低分段制定支付比例，原则上医疗费用越高支付比例越高。随着筹资、管理和保障水平的不断提高，逐步提高大病报销比例，最大限度地减轻个人医疗费用负担。

记者注意到，关于大病保险的资金来源，《意见》提到"利用结余筹集大病保险资金；结余不足或没有结余的地区，在城镇居民医保、新农合年度提高筹资时统筹解决资金来源"。

对此，孙志刚说："大病医疗保障是全民医保体系建设当中的一块短板。与此同时，基本医保基金存有不少结余，累计结余规模较大。有必要设计专门针对大病的保险制度，解决群众的实际困难，使城乡居民人人享有大病保障。"

三、由商业机构承办

在开展城乡居民大病保险过程中，商业保险机构扮演了重要角色。《意见》指出，采取向商业保险机构购买大病保险的方式。政府有关部门制定大病保险的筹资、报销范围、最低补偿比例，以及就医、结算管理等基本政策要求，商业保险机构中标后以保险合同形式承办大病保险，承担经营风险，自负盈亏。

为什么由商业保险机构承办？孙志刚指出，以往，基本医保经办通常有两种形式，主要是事业单位直接经办，也有些地方委托一些专业机构提供部分环节的服务，如审核单据、稽查服务行为等。为进一步转变政府职能，创新公共服务管理，提升服务效率，新一轮医改明确提出要探索"委托具有资质的商业保险机构经办各类医疗保障管理服务"。

相比而言，商业保险机构以保险合同形式承办大病保险，主要具有几个优势：第一，发挥商业保险机构专业特点，加大对医疗机构和医疗费用的制约；第二，商业保险机构在全国范围内统筹核算，间接提高大病保险的统筹层次，增强抗风险能力，提高服务水平，放大保障效应；第三，专业化管理和市场化运行机制，有利于促进提高基本医保的经办效率。此外，这也有助于促进健康保险业发展，推动构建多层次医疗保障体系。

"大病保险的这种承办方式，是在中国特色社会主义基本理论指导下，结合中国当前国情，对公共服务管理和运行模式所作的大胆探索与创新，国际上先例并不多。采用这种方式的基本想法是，在以保公平为基础和目标的前提下，更好地发挥市场竞争在提升效率和优化资源配置方面的作用。"孙志刚说。

《意见》对商业保险机构的要求具体包括三个方面：一是制定了

商业保险机构的基本准入条件；二是规范大病保险招标投标与合同管理，要求其保本微利，建立起以保障水平和参保人满意度为核心的考核办法；三是要求商业保险机构不断提升大病保险管理服务的能力和水平，为参保人提供异地结算等服务，解决大病异地报销难题。

孙志刚说："城乡居民大病保险惠及全民，要把这件好事办好，加强监管尤为重要。这项工作涉及多个部门、多个环节、多方利益，要形成部门联动、全方位的监管机制。考虑到大病保险是一项创新的工作，且我国区域差异较大，各地要建立由多部门组成的大病保险工作协调推进机制，先行试点，逐步推开。"

四、让城乡居民大病治疗有保障（短评）

《关于开展城乡居民大病保险工作的指导意见》出台了。这是我国进一步完善城乡居民医疗保障制度、健全多层次医疗保障体系、有效提高重特大疾病保障水平的新举措，对于减轻人民群众大病负担具有重要意义。

近年来，随着全民基本医保体系的初步建立，人民群众看病就医有了基本保障。目前，我国基本医疗保障已覆盖13亿人，全民基本医保制度框架初步形成。但是，由于基本医疗保障制度尚不完善，尤其是城镇居民医保、新农合的筹资水平较低、保障水平不高，城乡居民大病实际报销比例较低，因病致贫、因病返贫问题突出，大病负担仍较沉重。

开展城乡居民大病保险，是全民医保制度的有力完善。这一制度拓展和延伸了基本医保的功能，基本医保、商业保险、医疗救助制度实现有效衔接，构建了多层次的全民医保体系；把结余基金利用起来，放大了基本医保的效用，使更多参保人受益，提高了保障水平；引入商业保险机构经办管理，政府责任和市场机制的基础性作用有机结合，提高了运行效率和服务水平，使基金风险得到更有效的管控，用少量的投入换来更大的收益。

开展城乡居民大病保险，是社会管理制度的重大创新。这一制度强调大病保险保障水平要与经济社会发展、医疗消费水平及承受能力相适应，强化了社会互助共济的意识和作用，形成了政府、保险机构、个人共同分担大病风险的机制，推动了医保、医疗、医药互联互动，提高了医疗保障水平和质量，促进了公平正义和社会和谐。

开展城乡居民大病保险，是保障和改善民生的重要体现。这一制度坚持以人为本，把维护人民健康权益放在首位，以着力解决群众反映强烈的突出问题为出发点和落脚点，体现了把基本医疗卫生制度作为公共产品向全民提供的理念，是一项得民心、顺民意的重大民生工程。

开展城乡居民大病保险，事关 13 亿人的切身利益。各级政府必须高度重视，统一思想，精心谋划，周密部署。要充分考虑当地实际情况，因地制宜，稳妥推进，及时研究解决发现的问题，不断优化完善方案，确保人民群众得到实惠，让城乡居民大病有保障，逐步实现人人享有基本医疗卫生服务的目标。

资料来源　李红梅、孙志刚：《大病自付至少报销五成（政策解读）》，载《人民日报》，2012-08-31。

## 六、转诊、登记手续办理

办理转诊、登记手续，一方面是为了指导农民理性就医，减少不必要的经济支出；另一方面是掌握病人流向、核查患者身份的需要，防止那些投机分子窃用新农合基金。

转诊、登记手续办理方法为：

在外务工、经商者，在务工、经商地就诊住院，应在住院后 5 日内，携带“暂住证”或务工经商证明、户口簿、身份证、合作医疗证，到县合管中心登记。

到市级定点医院就诊住院者，在就诊前或者急诊入院 3 日内携户口簿、身份证、合作医疗证，到县合管中心登记。

到市以上医院就诊住院者，由县医院、中医院专家诊断确需转诊者，开据县外转诊批准书，并持户口簿、身份证、合作医疗证，到县合管中心登记。

## 政策观察

### 卫生部、保监会联席会议研究新农合

卫生部、保监会于8月30日在郑州联合召开商业保险机构参与新农合经办服务现场会，旨在贯彻落实医改精神和卫生部、保监会、财政部、国务院医改办四部门《关于商业保险机构参与新农合经办服务的指导意见》，现场交流郑州市全面委托商业保险机构（以下简称“商保机构”）参与新农合经办服务的经验，进一步推进委托经办服务，完善新农合管理运行机制，继续推进新农合制度建设和深化医药卫生体制改革。卫生部副部长刘谦、保监会副主席陈文辉，河南省副省长张大卫、郑州市长马懿出席会议并讲话。

刘谦在会上充分肯定了郑州等地商业保险机构参与新农合经办服务的成效和经验。他说，自新农合制度试点开始，部分商保机构就参与到新农合制度的建设中来，并不断发展、完善，逐步形成了以江苏江阴、河南洛阳、福建晋江和广东番禺为代表的商保机构参与新农合经办服务的管理运行机制。2011年，郑州市委、市政府按照中央医改精神，在结合实际认真调研并学习借鉴有关地区经验的基础上，全面开展了委托商保机构经办郑州市新农合服务工作。经过近一年的运行，郑州市新农合制度运行平稳，新农合各项基金管理制度得到有效落实、各区县统筹补偿标准和审核程序得到统一、定点医疗机构补偿手续明显简化，卫生、商保机构、经办服务人员、参合群众均较为满意，实现了共赢发展。

刘谦指出，近一年的实践充分说明，郑州市的改革方向正确，工作扎实深入，成效也十分明显。郑州市改革工作的重要意义在于闯出了一条在现有条件下通过创新社会管理，提高医疗保障的管理水平和服务水平，使人民群众更大程度受益的新路子。总结郑州市的改革做法，其经验主要体现在以下几个方面：一是坚持以人为本的理念，创新管理。郑州市委、市政府以科学发展观为指导，转变政府职能，加

强和创新社会管理，通过大力推进委托商保机构经办新农合服务，进一步完善新农合的管理运行机制，促进新农合制度在新的阶段继续发展。同时，把以人为本的理念贯穿到定点医疗机构和商保机构监管的细节，贯穿到为参合人员提供结算服务的细节，让参合群众享受到便捷、亲切的服务，使改革顺利推进。二是加强部门协作，共同推进改革。郑州市卫生、财政、编制、人事、审计等部门和中国人寿郑州分公司在市委、市政府的统一领导下，分工明确又通力协作，按照实施方案要求，做了大量艰苦细致的工作，实现了新农合经办服务工作的顺利交接。三是妥善处理主要矛盾，集中力量攻坚克难。郑州市在实施委托商保机构经办改革之前，已经建立的新农合管理经办机构、队伍相对健全，信息化建设进展较快，新农合整体运行状况良好。

刘谦强调，委托商保机构经办新农合服务是一项新的探索，工作中要特别注意把握好几点：一要明确责任。政府及相关部门要在职责确定、新农合筹资补偿政策、基金管理和信息系统建设等方面，加强对商保机构和定点医疗机构的监督管理，并做好委托经办费用的筹集、拨付。商保机构要根据委托经办协议，做好参合信息录入、参合人员就诊信息和医药费用审核、报销、结算、支付等工作，并协助政府相关部门做好定点医疗机构监管。商保机构还要发挥自身优势，做好新农合基金使用情况的监测和分析，为完善统筹补偿方案提供技术支持。二要完善制度。一方面，新农合制度的有关政策要求还要继续执行和落实，另一方面，新的经办方式的工作流程、质量控制、信息管理、沟通协调等也需要一套新的规章制度来规范。商保机构要根据国家统一政策，建立和完善内控制度，加强费用审核，确保基金安全。同时，国家出台的开展支付方式改革、推进异地就医及费用结算等各项政策，商保机构也应该积极主动落实。三要加强协作。在经办新农合业务过程中，商保机构要充分发挥这两方面的优势，为卫生部门不断调整、完善新农合统筹补偿方案，为参合人员异地就医费用核查等工作提供便利。卫生部门要会同商保机构继续严格执行新农合的各项规章制度，在信息共享、控制费用、加强对定点医疗机构的监管方面加强协作。同时，在确保基金安全的前提下，要逐步探索建立适宜的激励约束机制，推动商保机构不断提高经办服务水平。四要强化监管。要加强监管力量，通过设立新农合监督管理中心或者增加卫生部门的编制来加强监管力量。同时，要加强监管意识，要把对定点医疗机构、商保机构和基金安全的监管放在第一位。要坚持和落实参合人员医药费用公示制度和信息公开制度，坚持和完善新农合管理委员会和监督委员会制度，鼓励和引导参合人员参与监管。五要创新发展。有条件的地方可以按照中央政策文件要求，结合当地实际，探索将商保机构作为公共平台，承担起统一经办各类医疗保险的任务，为城乡居民提供更为高效、便捷的服务。

保监会副主席陈文辉指出，《关于商业保险机构参与新农合经办服务的指导意见》是贯彻落实医改意见的重要文件，有助于丰富和完善新农合制度，有利于指导保险业进一步做好新农合经办工作。新型农村合作医疗制度开始试点以来，保险业参与了新农合经办工作，经历了新农合等基本医疗保障制度的建立和完善过程，发挥了重要作用。实践证明，政府购买医疗保障经办服务、委托商业保险机构经办新农合取得了显著的成效。一是改进了公共服务的提供方式。二是减轻了政府增设经办机构及人员编制方面的压力，降低了运行成本。三是发挥了保险业在风险管理、精算技术等方面的优势，强化了经办机构的管控职责，提高了新农合基金的使用效率。四是创新了新农合服务模式。陈文辉还指出，商业保险机构参与基本医保经办是建立可持续发展医疗保障体系的重要途径。

陈文辉指出，近年来，保险业在开展新农合等基本医保经办和大病保险方面进行了一些探索，取得显著成效。各保险公司一是要进一步贯彻落实文件精神，深刻认识保险业参与新农合经办的重要意义，切实加强经营管理，提升经办质量和效率，保障参合群众合法权益。二是要发挥专业优势，提升新农合经办服务能力。对于新农合经办，要加强基础研究，强化专业队伍的建设，提高数据积累和分析能力。三是要以机制创新为突破口，积极做好新农合相关工作。在做好新农合经办服务的同时，要积极探索新农合等基本医保经办与大病保险、新农合补充相结合的工作机制。特别是在风险管理、服务平台等方面发挥协同作用，实现互补共赢，提高保障水平，更好惠及广大群众，满足多层次的医疗保障需求。四是要以强化监管为重点，引导新农合经办可持续发展。经办新农合的保险公司要主动接受卫生、财政、审计等部门的指导和监督，定期提供有关报表和报告，做好参合人员信息安全保障，把分支机构经办新农合的情况和经办服务质量纳入年度考核。保险监管部门要加强新农合经办准入和退出以及偿付能力与市场行为监管，对商业保险机构的违规行为和不正当竞争行为加大查处力度，切实保护参合群众合法权益，保障新农合经办工作稳健、可持续发展。

陈文辉肯定了河南保险业开展新农合经办业务有关工作。河南保险业开展新农合经办业务启动于新乡，完善于洛阳，发展于郑州。郑州市在新农合经办用人机制上进行了创新，为新农合经办工作积累了宝贵经验。目前，河南省商保机构经办新农合业务已覆盖新乡、洛阳、安阳、郑州等4个市44个县区，占全省县区总数的近1/4，服务人数1 100万，占全省新农合覆盖人数的近1/6，探索出了各具特色、可持续、可复制的发展道路。

会上，郑州市政府、市卫生局和中国人寿郑州分公司的代表分别介绍了郑州市全面委托商保机构参与新农合经办服务的做法、成效和体会，基层管理经办人员代表介绍了自己的思想转变过程和切身体会。与会代表在会后参观了有关商保经办机构和医院。

各省（区、市）卫生厅局分管负责人和农村卫生（基层卫生、合作医疗）处处长，各保监局分管负责人和人身保险监管处负责人，部分保险公司分管领导及相关部门负责人，财政部、国务院医改办、卫生部、保监会相关部门负责同志和卫生部新农合技术指导组部分专家参加了本次会议。

资料来源 《卫生部、保监会联合召开商业保险机构参与新农合经办服务现场会》，中国保监会网站，2012-08-30。

# 第八章　新型农村社会养老保险

农家保险

## 像城里人一样领“养老金”

2011年，全国新农保和城镇居民养老保险覆盖范围确定为60%，辽宁省在此基础上决定将这一重大惠民政策惠及全省城乡百姓，在全国率先实现城镇居民和新型农村养老保险全覆盖。78岁的沈阳市于洪区居民姜志连老人就搭上了新农保的“直通车”，见到记者的时候，老人刚刚从辽宁省农村信用社领取了55元新农保的养老金，“真没想到，到老了还能像城里人一样领上养老金”。老人抱着自己的孙女笑呵呵地说。

新农保政策的最大亮点之一就是保障农民基本生活。已经达到60周岁的农村居民，参保后不需缴费，可直接按月享受55元的基础养老金。2011年7月份以来，辽宁省283.9万60周岁以上农村居民领取了基本养老金。

东港十字街镇安全村的向玉堂和权桂花老两口一直靠种地为生，现在年岁已高，主要靠子女赡养维持生活，但是老人的子女生活也不富裕。2011年7月份，老两口成为新农保的首批受益者，“真没想到，俺们农民老了还能领工资了，现在每个月有了这110元钱，子女的负担也能减轻一些。”权桂花说。

新农保政策的另一大亮点是参保覆盖范围广。凡辽宁省年满16周岁（不含在校学生、现役军人）、未参加城镇职工基本养老保险的农村居民，都可以在户籍所在地自愿参加新农保。据辽宁省人社厅相

关负责人介绍，辽宁省新农保实行个人缴费、集体补助、政府补贴相结合的筹资方式。制度实施时，已经年满60周岁的农村居民不用缴费，可以直接按月领取55元的基础养老金；16~59周岁的农村居民每人每年一次性按100元到500元5个档次缴费，档次标准自主选择。

新农保基金暂时实行县级管理，逐步提高统筹层次。养老金待遇由基础养老金和个人账户养老金两部分组成。辽宁省执行国家每人每月55元的基础养老金标准，今后随着经济发展水平的不断提高和财力的不断增强，适时调整。

辽宁省人社厅相关负责人告诉记者，55元钱，对于城里人来说，也许只够吃一顿洋快餐、看一场电影，但对于祖祖辈辈靠种地为生的农民来说，它却是“额外”收入，有了它，农村老年人的生活就能更加有滋味。新农保建立了基础养老金正常调整机制，辽宁省将根据国家和省政府统一规定，并结合经济发展和物价变动等情况，适时调整基础养老金标准。

据统计，截至2011年10月底，全省新农保参保人数达到677.4万人，283.9万60周岁以上农村老年居民领取了基本养老金；城镇居民养老保险参保人数达到38.5万人，35.3万城镇居民符合领取养老金条件。

资料来源　孙鹏：《像城里人一样领工资，辽宁新农保提前实现全覆盖》，东北新闻网，2011-12-12。

建立新型农村社会养老保险制度，是加快建立覆盖城乡居民的社会保障体系的重要组成部分，对确保农村居民基本生活、实现农民基本权利、推动农村减贫和逐步缩小城乡差距、维护农村社会稳定意义重大，对推动社会和谐、改善心理预期、促进消费、拉动内需也具有重要意义。

## 一、概况

新型农村社会养老保险，简称为“新农保”，是继取消农业税、农业直补、新型农村合作医疗等政策之后的又一项重大惠农政策。采取个人缴费、集体补助和政府补贴相结合，其中中央财政将对地方进行补助，并且会直接补贴到农民头上。根据规划，将于2020年前全部实现所有农民都享有新农保。

**小资料**

### "新农保"与"老农保"的区别

新农保和以前一些地方实行的老农保区别如下：

第一，筹资的结构不同。过去的老农保主要都是农民自己缴费，实际上是自我储蓄的模式。而新农保一个最大的区别就是个人缴费、集体补助和政府补贴相结合，是三个筹资渠道，三方出资，农户负担大大减轻。特别是中央财政对地方进行补助，这个补助又是直接补贴到农民的头上。它是继取消农业税、农业直补、新型农村合作医疗等一系列惠农政策之后的又一项重大的惠农政策。

第二，老农保主要是建立农民的账户，新农保在支付结构上的设计是两部分：一部分是基础养老金，一部分是个人账户的养老金。而基础养老金是由国家财政全部保证支付的。换句话说，就是中国农民60岁以后都将享受到国家普惠式的养老金。当然，新农保政策是要通过试点完善之后逐步推开，并不是说从明天开始大家就可以领钱了。

新型农村社会养老保险制度的基本原则，即"保基本、广覆盖、有弹性、可持续"。一是从农村实际出发，低水平起步，筹资和待遇标准要与经济发展及各方面承受力相适应；二是个人、集体、政府合理分担责任，权利与义务相适应；三是政府引导和农民自愿相结合，引导农民普遍参保；四是先行试点，逐步推开。

新型农村社会养老保险制度采取社会统筹与个人账户相结合的基本模式和个人缴费、集体补助、政府补贴相结合的筹资方式。年满16周岁、不是在校学生、未参加城镇职工基本养老保险的农村居民均可参加新型农村社会养老保险。满60周岁以上的农村居民个人不再缴费，直接享受中央财政补助的基础养老金，但其符合参保条件的子女应当参保缴费。也就是说，只有年满60周岁的农村老年人，并且其符合条件的子女参保缴费，才可享受政府发放的基础养老金，这既是政府组织引导下的农民自愿参加，又是“待遇享受”的必要条件。

各地根据本地实际认真选择试点地区，制定切实可行的实施方案。各有关部门要加强统筹协调和监督管理，做好新型农村社会养老保险制度与家庭养老、土地保障、社会救助等其他社会保障政策的配套衔接工作。新型农村社会养老保险基金纳入同级财政社会保障基金财政专户，实行收支两条线管理，并建立公示和信息披露制度，加强社会监督。

## 二、养老保险费缴纳

养老保险费是指参加养老保险的投保人和被保险人按时向社保机构缴付的保费，即社保机构为承担一定的保险责任向投保人及被保险人收取的养老保险费用。

按时、足额缴纳养老保险费是参保人员应尽的义务，每一位参保人员应根据本地区新农保制度的规定，选择缴费档次。在当地规定的时间内足额缴纳当年或补缴以前年度的养老保险费，年满60周岁就可享受新农保待遇。

养老保险费的收缴，采取社保机构委托金融机构扣缴的形式，参保人员将应缴纳的养老保险费存入本人的缴费存折，由所委托的金融机构从缴费存折中划扣，并将划扣的资金汇入社保机构设立的新农保资金收入户，社保机构记录参保人员的个人账户，完成养老保险费收缴过程。对于目前不具备通过金融机构扣缴条件的地区，可暂由社保机构、乡镇事务所会同金融机构进行收缴，并由金融机构开具社会养老保险费缴费凭证。这里，将重点叙述参保人员缴纳和社保机构收取养老保险费的形式、政策规定、经办流程、业务环节以及需要的相关证件资料等。

1. 参保人员正常缴费

参保人员正常缴费是指当地实施新农保制度时，年满16～59周岁的参保人员，根据新农保制度的规定，按缴费年度和自主选择的缴费档次缴纳本年度的养老保险费。这里，主要介绍参保人员正常缴费的相关政策规定、缴费业务流程、缴费年限的概念和计算方法等。

2. 有关要求

（1）基本规定

①新农保养老保险费按自然年度缴纳。每年的1月1日至12月31日为一个自然年度。新农保制度规定，参保人员按照自然年度缴纳养老保险费，一个自然年度视为一个缴费年度。在一个缴费年度内，参保人员可根据本人的收入状况和缴费能力选择一个缴费档次缴费。缴费档次确定后，在这个缴费年度内不得更改，下一个缴费年度可以申请变更。

缴费档次是指参加新农保人员在一个缴费年度内应该缴纳养老保险费的金额档次。缴费档次根据当地的经济发展水平和农民收入状况，以定额的形式确定几个档次，供参保人员选择。缴费档次应该随着本地经济发展水平和农民收入状况调整。

例如，某个参保人员2012年申报新农保年缴费档次为400元。经社保机构确认后录入了新农保信息系统，该参保人员应按照400元标准缴纳2013年度的养老保险费，并在这一年内不能更改400元的缴费档次。该参保人员如要更改2013年缴费档次，就要在2012年末由本人到户籍所在地的村委会申请，填写《新型农村社会养老保险变更登记表》，变更缴费档次，经社保机构确认后，按照变更后的标准缴纳2013年度养老保险费。

②确定新农保年度缴费截止日期。养老保险费实行按自然年度缴纳，为了方便社保机构年终结算，各地在制定新农保业务操作规程时，应根据当地的实际情况确定本地新农保年度缴费截止日期。年度缴费截止日期一般为每年的12月25日前，25日至31日社保机构可

以办理结算参保人员个人账户、年度财政补贴，结转参保人员下一年度缴费档次等业务。对于需要变更缴费档次的参保人员，可以在缴费截止日期后申请变更下一年度个人缴费档次；不需要变更缴费档次的人员，社保机构可通过信息系统统一将参保人员当年的缴费档次等缴费信息结转为下一年度的缴费信息。

③制度实施当年，参保人员应缴纳本年度的养老保险费。新农保养老保险费实行按年度缴纳，缴费年限起始时间的计算应该从当地的新农保制度实施当年开始。也就是说，新农保制度实施当年，这一年计算正常缴费年限，在计算补缴费年限时，这一年不能纳入补缴费年限计算。

④达到领取待遇年龄的参保人员，到龄当年可以缴纳本年度的养老保险费。参保缴费人员年满 60 周岁的当年，可以选择缴费档次缴纳当年的养老保险费，计算正常缴费年限，并按当地的新农保制度规定给予财政缴费补贴。对于制度实施时，年龄在 45 周岁以下的参保人员，达到 60 周岁的领取待遇年龄时，累计缴费年限超过 15 年及以上的，到龄当年可以缴纳该年度养老保险费，也可以不缴纳；45 周岁以上、累计缴费年限不足 15 年的，应该缴纳到龄当年的养老保险费。

（2）缴费方式

养老保险费实行金融机构扣缴方式。新农保制度实施后，县级社保机构应委托一个或一个以上的金融机构（商业银行）办理养老保险费扣缴业务。社保机构在选择金融机构时，既要考虑金融机构的规模、经办能力和资金抗风险能力，保证新农保基金安全，又要考虑金融机构的网点布局，网点至少要分布到每个乡（镇），方便参保人员缴费。

对于暂不具备通过金融机构扣缴条件的地区，可暂由社保机构、乡镇事务所会同金融机构进行收缴，并由金融机构开具收费凭证。

（3）所需材料

参保人员缴纳养老保险费，需要携带本人的居民身份证原件和

"新型农村社会养老保险银行存折"，到社保机构委托的金融机构网点缴费。

3. 正常缴费业务流程

（1）金融机构扣缴养老保险费流程

实行金融机构扣缴养老保险费的地区，养老保险费收缴业务经办流程如图 8—1 所示。

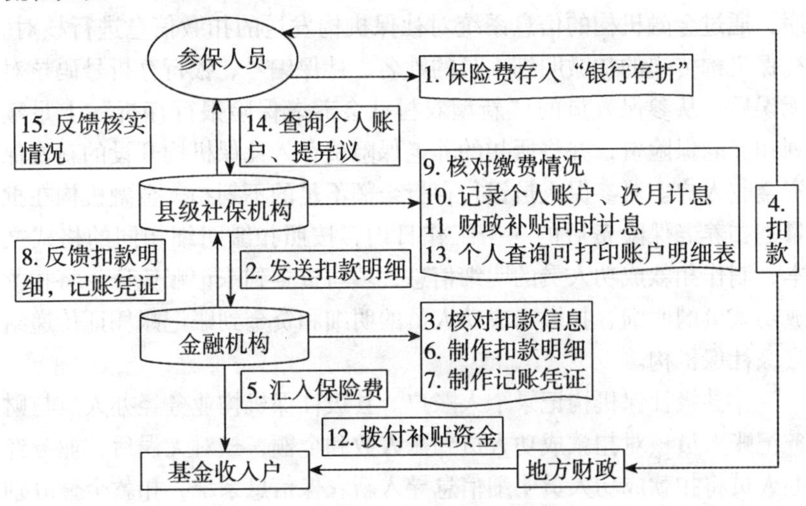


**图 8—1　参保人员正常缴费流程图**

①参保人员缴费。参保人员携带本人的居民身份证和"新型农村社会养老保险银行存折"，到金融机构的营业网点，将当年应该缴纳的养老保险费一次性足额存入本人的"新型农村社会养老保险银行存折"，完成本人当年的缴费。由于金融机构规定，银行存折余额不能为零，参保人员首次存款时应多存 1 元，保证每一次扣款后，银行存折余额不为零。对一次性足额存款有困难的，可以分多次存入，但是必须在当地规定的缴费截止日期前将应缴纳的养老保险费全部存入，以便金融机构扣款。

②县级社保机构产生扣款信息。县级社保机构业务经办人员定期（每个月 1 ~4 次为宜）从新农保信息系统中批量产生应该缴费人员

的养老保险费扣缴明细，传递给金融机构扣缴养老保险费。养老保险费扣缴明细一般以格式文本的形式产生，扣缴明细项目主要包括本次扣缴的人员序号和社保编号、姓名、银行存折号码、扣缴金额、扣缴时间等信息，以便于计算机识别。信息系统批量产生扣缴明细时，不包括当年度已经扣缴成功人员的信息。

③金融机构扣款。金融机构应开发养老保险费扣缴明细核对程序，通过金融机构的信息系统对社保机构发送的扣缴信息进行核对。社保机构传递的扣缴明细人员的姓名、社保编号、银行存折号码核对无误后，从参保人员的“新型农村社会养老保险银行存折”上足额划扣养老保险费，并将所扣的养老保险费存入社保机构开设的新农保资金收入户。对参保人员银行存折余额不足的不划扣。金融机构在批量划扣养老保险费后的 3 个工作日内，按照扣缴明细相同的格式文本，制作扣款成功人员的明细信息，填写资金到账记账凭证，将扣款成功人员的明细、扣缴未成功人员的明细和资金到账记账凭证传递给县级社保机构。

④县级社保机构记录个人账户。县级社保机构业务经办人员与财务记账人员核对扣款成功人员到账人数和金额，核对无误后，业务经办人员将扣款成功人员明细信息导入新农保信息系统，扣款金额分别记入参保人员个人账户，并打印本次扣缴养老保险费的“新型农村社会养老保险个人缴费汇总表”一式两份，经复核人员的复核签章后，一份经办人员留存，一份财务记账，完成扣款成功人员当年的养老保险费正常收缴过程。

（2）社保机构自收养老保险费

对乡镇没有金融机构营业网点，不具备通过金融机构扣缴养老保险费条件的地区，可暂由村委会集中收缴保险费。

（3）特殊群体人员养老保险费收缴

农村重症残疾人、享受农村最低生活保障、计划生育户等特殊群体人员参保，由于各地对特殊群体人员参保的财政补贴政策不同，个人承担的缴费额也不同。各地应按照参保登记的有关规定，对参保人员身份进行审核认定，并登记参保。

①实行金融机构扣缴养老保险费的地区，特殊群体人员参保的个人缴费部分，按照参保人员正常缴费的程序缴纳，实行金融机构扣缴。个人承担的缴费金额扣缴成功，记录个人账户后，新农保信息系统同时将财政补贴部分记入个人账户。社保机构定期向财政部门申请参保人员缴费财政补贴资金时，一并上报特殊群体人员参保的补贴资金。

②实行社保机构自收保险费的地区，特殊群体人员保险费收缴程序有所不同。有的地方对完全丧失劳动能力的农村贫困残疾人参保，养老保险费财政全额补贴。残疾人或其亲友向村委会提供残疾人本人居民身份证、户口簿和《中华人民共和国残疾人证》及复印件申请参保，填写《××市新型农村社会养老保险完全丧失劳动能力的农村贫困残疾人参保登记表》，并向全体村民公示。公示期满，将《参保登记表》及相关证明材料上报乡镇事务所初审，县级社保机构审查，县级人事和劳动社会保障局、残疾人联合会审核，市级社保机构审批。

经审批享受养老保险费财政全额补助者，县区社保机构负责向市、县区财政部门申报补助资金，通知乡镇事务所根据《参保登记表》，填写参保人员《缴费明细表》、《缴费记录卡》和《缴费证》。

《参保登记表》、《缴费明细表》、《缴费记录卡》报经县级社保机构审核确认无误后，乡镇事务所将个人资料和缴费情况录入计算机系统，完成养老保险费收缴。

4. 各级经办主体业务环节

目前，养老保险费收缴业务经办主体主要有县级社保机构、金融机构、乡镇事务所、村委会。在养老保险费收缴过程中，各级经办主体承担的主要业务如下：

（1）参保缴费人员

①参保人员每年应该在当地规定的缴费截止日前，将本人当年的养老保险费足额存入“新型农村社会养老保险银行存折”。

②参保人员查询个人账户，可到县级社保机构打印《个人账户明细表》，或登录当地的社会保障网站查询、下载本人的个人账户记账明细，也可拨打当地的“12333”电话查询系统查询。

（2）县级社保机构

县级社保机构定期生成养老保险费扣款明细信息，将扣款明细信息传递至指定的金融机构。

（3）金融机构

①金融机构对县级社保机构提供的扣款明细信息进行核对，从参保人员的“新型农村社会养老保险银行存折”上足额划扣养老保险费。

②直接将扣缴的养老保险费存入新农保资金收入户。

③ 3 个工作日内将扣款结果明细信息、资金到账凭证等反馈给县级社保机构。

（4）县级社保机构

①核对金融机构反馈的扣款明细信息与实际到账人数和金额，无误后将扣款明细信息导入新农保信息系统，扣缴资金分别记入个人账户。

②业务经办人员打印《新型农村社会养老保险个人缴费汇总表》，财务人员记账。

③及时提示乡镇事务所将未缴纳养老保险费的人员名单反馈给村协办员，由村协办员进行缴费提醒。

④年缴费截止日前，参保人员仍未缴纳养老保险费的，对参保人员作中断缴费业务处理，不予结转下一年度缴费信息。

⑤中断缴费人员提出续缴费申请的，审核通过后，在信息系统中作恢复缴费业务处理，录入缴费档次。

## 三、参保人员补缴养老保险费

参保人员补缴养老保险费是指新农保制度实施时，距领取新农保待遇年龄不足 15 年的参保人员，应按新农保制度规定从制度实施当年连续缴费，也可以补缴不足年限的缴费部分。对距领取新农保待遇年龄超过 15 年的，应按规定按年度缴费，累计缴费年限不足 15 年的，也可以补缴以前年度的养老保险费。在这一节里，重点介绍补缴养老保险费的基本规定、补缴养老保险费业务流程，以及新农保集体补助相关规定等。

1. 有关规定

（1）新农保制度实施时，距领取待遇年龄不足 15 年的参保人员，应根据当地新农保政策规定，按缴费年度选择缴费档次连续缴纳以后年度的养老保险费，对缴费年限不足 15 年的部分，本人可以申请补齐。对补齐的缴费年限的保险费，应按照当地的新农保制度规定给予缴费财政补贴。在计算参保人员补缴费年限时，应该不包括当地新农保制度实施当年和参保人员达到领取待遇当年的年度，这两个年度应列入正常缴费年限计算。

参保人员应该在当地新农保实施当年参保缴费，并申请补缴费。对以后申请补缴费的，补缴费财政补贴应该按照新农保制度实施时的标准给予补贴。

例如，某地的新农保制度从 2011 年 12 月 1 日实施，某参保人当年 50 周岁，他应该缴纳 2011 年度的养老保险费，并从 2011 年开始连续缴费至 60 周岁，60 周岁当年也应该缴费。那么，这个参保人可以连续缴费 11 年，应补缴费年限为 4 年。补缴 4 年的养老保险费后，不论是 2011 年补缴的，还是以后年度补缴的，都应该按照当地 2011 年的财政缴费补贴政策予以补贴，不能按照补缴费当年的政策给予补贴。假如这个参保人员在 2011 年或以后年度未连续缴费，造成中断的缴费年限，申请补缴费时，补缴费部分财政不予补贴。

（2）对距离领取待遇年龄超过 15 年的参保人员，应根据当地新农保政策规定，按缴费年度选择缴费档次连续缴纳养老保险费，如果中途中断缴费，达到领取年龄时，累计缴费年限不足 15 年的，应该补缴不足的年限，但补缴费的年限财政不予补贴。

2. 补缴养老保险费流程

实行养老保险费金融机构扣缴的地区，按照图 8—2 所示的新农保补缴费流程图补缴养老保险费。

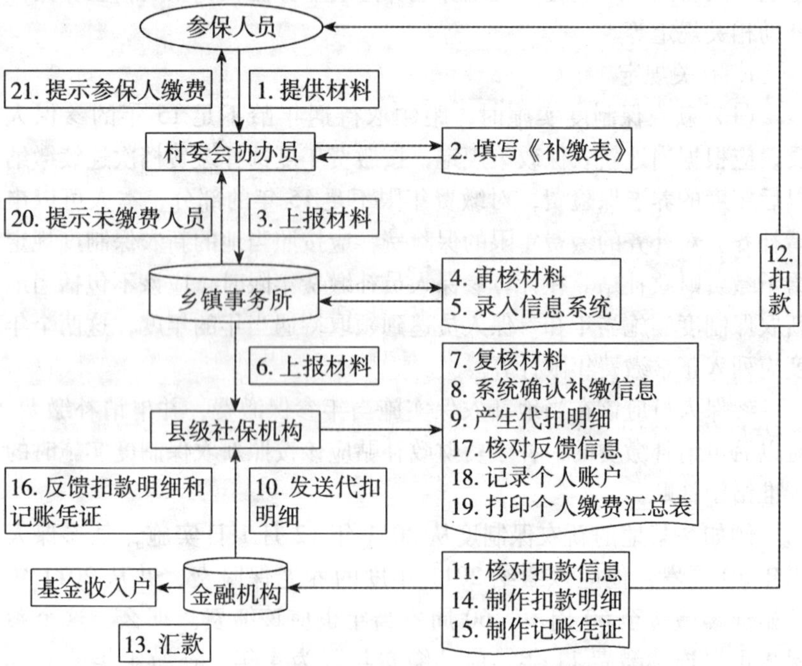

图 8—2　参保人员补缴费流程图

（1）参保人员需要补缴以前年度的养老保险费，由本人到村委会申请办理补缴费手续，填写《补缴新型农村社会养老保险费申请表》一式四份，补缴费人员、村协办员、乡镇事务所、县级社保机构各留一份，村协办员及时审核，签字加盖村委会公章后，按本地的规定时限将《补缴新型农村社会养老保险费申请表》上报乡镇事务所审核。

（2）乡镇事务所审核《补缴新型农村社会养老保险费申请表》中填写的人员出生年月和补缴费年限是否准确，是否符合享受缴费财政补贴条件等。审核通过后，经办人员签字加盖乡镇事务所公章，将补缴费年度、金额等信息录入新农保信息系统，并按本地的规定时限将《补缴新型农村社会养老保险费申请表》上报县级社保机构复核。

(3) 县级社保机构业务经办人员复核《补缴新型农村社会养老保险费申请表》，重点复核补缴费人员资格、出生年月、补缴费年限和缴费补贴等信息。复核通过后，在《补缴新型农村社会养老保险费申请表》上签字、加盖县级社保机构业务审核公章，并将签章后的表格逐级下发到村协办员和补缴费人员手中，通知补缴费人员缴费。

(4) 补缴费人员接到审核通过的通知后，携带本人居民身份证和“新型农村社会养老保险银行存折”，将需要补缴的养老保险费足额存入本人的“新型农村社会养老保险银行存折”。

(5) 县级社保机构按照正常缴费的程序，定期产生补缴费扣缴明细清单，传递至金融机构。金融机构对扣款明细清单进行复核、扣款，并将扣款成功人员明细清单和资金到账记账凭证传递至县级社保机构。县级社保机构业务经办人员核对到账明细清单无误后，将相关信息导入新农保信息系统，资金分别记录到补缴费人员的个人账户。打印《新型农村社会养老保险补缴汇总表》一式两份，经人员审核后，一份留存，一份交财务记账。

3. 新农保集体补助

新农保集体补助是指村集体和其他社会经济组织、社会公益组织或者个人，对参加新农保缴纳养老保险费人员给予补助或资助。在此，重点介绍集体补助有关规定、业务经办流程等。

(1) 有关规定

对参保缴费人员给予补助或资助的村集体和其他社会经济组织、社会公益组织或者个人，应按照本地的新农保制度规定时限，向补助或资助对象户籍所在的乡镇事务所提交《新型农村社会养老保险集体补助明细表》，并及时将补助或资助资金汇入县级社保机构设立的新农保资金收入户。集体补助对象应是参加新农保的缴费人员。

村集体对参保缴费人员给予补助，补助的对象、金额、方式、时间等应经村民代表大会讨论通过，补助的对象应为本村内所有参保缴费人员。

其他社会经济组织、社会公益组织或者个人，对参保缴费人员给予资助的，资助的对象、金额、方式、时间等由其他社会经济组织、社会公益组织或者个人确定。

（2）集体补助业务流程

实行金融机构扣缴养老保险费的地区，集体补助业务按照图8—3所示的新农保集体补助业务经办流程图办理。

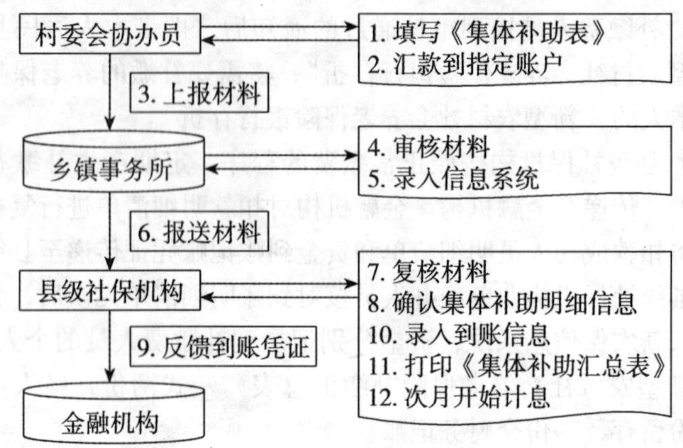


**图8—3 集体补助业务流程图**

①村集体和其他社会经济组织、社会公益组织或者个人，确定给予补助或资助的对象，到补助或资助对象户籍所在的村委会填写《新型农村社会养老保险集体补助明细表》一式三份，经村协办员审核签字加盖公章后，将资金汇入县级社保机构设定的新农保资金收入户。村协办员将《新型农村社会养老保险集体补助明细表》及时上报乡镇事务所审核。

②乡镇事务所经办人员审核《新型农村社会养老保险集体补助明细表》中的人员基本信息和金额无误后，签字加盖乡镇事务所公

章，上报县级社保机构复核，并将相关信息录入新农保信息系统。

③金融机构收到集体补助的资金后，及时通知县级社保机构，并在3个工作日内将资金到账记账凭证传递至县级社保机构。

④县级社保机构业务经办人员确定集体补助的资金足额到账后，对照乡镇事务所上报的《新型农村社会养老保险集体补助明细表》，在新农保信息系统中确认集体补助对象，将资金划入个人账户，打印《新型农村社会养老保险集体补助汇总表》一式两份，经复核人员复核后，一份留存，一份交财务做账。

（3）各级经办主体业务经办环节

①村协办员（村集体、资助单位、资助人）

首先，按本地的规定时限向乡镇事务所提交《新型农村社会养老保险集体补助明细表》。然后，将集体补助资金汇入县级社保机构设立的新农保资金收入户。

②乡镇事务所

首先，核对《新型农村社会养老保险集体补助明细表》中的人员姓名、社保编号、金额等信息无误后，录入新农保信息系统。然后，按本地的规定时限将《新型农村社会养老保险集体补助明细表》上报县级社保机构。

③金融机构

金融机构收到款项后3个工作日内，将资金到账凭证传递至县级社保机构。

④县级社保机构

县级社保机构收到资金到账凭证后，对乡镇事务所录入的集体补助明细信息进行确认，记入个人账户，打印《新型农村社会养老保险集体补助汇总表》。

## 四、领取新农保养老金资格认证

1. 概述

新农保待遇领取资格认证（下文简称“资格认证”）是指经办机

构证明新农保待遇领取人员符合新农保养老待遇领取要求的资格认定活动。

根据新农保的政策规定，新农保待遇领取人员应从养老待遇领取的次年起，定期接受新农保养老待遇资格认证。逾期没有办理资格认证手续，经办机构暂停其养老待遇的发放，待其补办手续后予以继续发放，并补发其停发期间的养老待遇。

资格认证是防止养老保险基金流失、杜绝冒领养老金情况发生、强化基金管理的有效手段，是确保养老金按时足额发放的重要环节。经办机构应根据当地实际情况采用适合有效的资格认证方法，多种措施并举，定期认证与抽查认证相结合，现场认证与户籍认证、群众监督相结合。有条件的地方可以探索建立指纹认证、虹膜认证制度。

2. 相关规定和要求

（1）县级社保机构应按年度对新农保待遇领取人员进行资格认证。定期向享受待遇领取人员发放资格认证通知，规定认证时间和方式，要求提供相关证明资料。

（2）待遇领取人员应按时按规定的方式办理资格认证手续。

（3）逾期没有办理资格认证的，社保机构应停止为其发放养老金，待其补办有关手续后，从停发之日起补发并续发养老保险待遇。

（4）发现冒领的，应立刻停止待遇支付，并追回被冒领的养老金。

（5）资格认证人员需提交本人居民户口簿、本人居民身份证原件和复印件（第二代居民身份证需正反面复印）。

3. 认证方式及操作流程

（1）现场认证

县级经办机构发放资格认证通知。享受待遇人员到村委会或乡镇事务所进行认证，或由经办人员上门办理认证。在异地居住的认证对象将生存证明材料寄回县级经办机构，由县级经办机构整理汇总认证信息并上报。县级经办机构对认证信息进行处理。发放认证通知程序如图8—4所示，现场认证程序如图8—5所示。

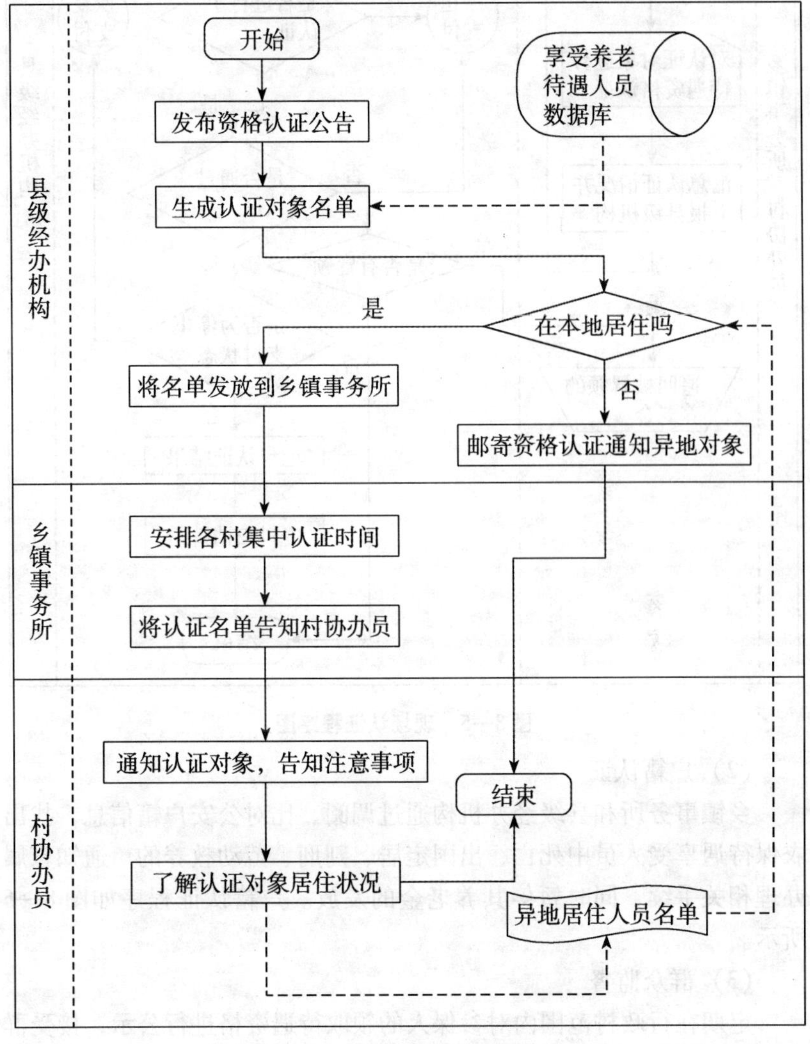


**图8—4　发放认证程序图**

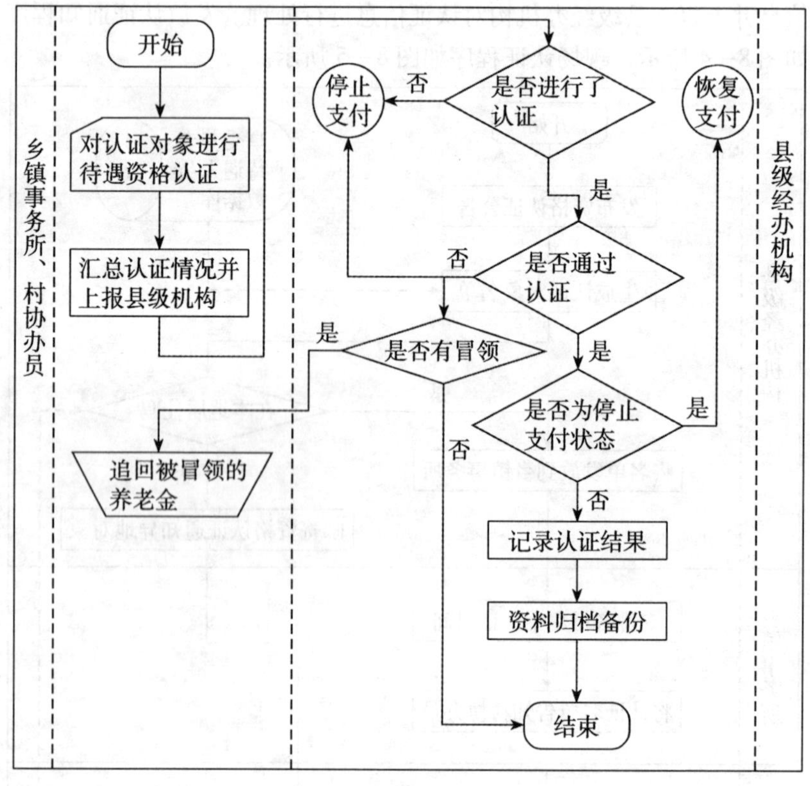


图 8—5　现场认证程序图

（2）户籍认证

乡镇事务所和县级经办机构通过调阅、比对公安户籍信息，找出农保待遇享受人员中死亡、出国定居、判刑、劳动教养的，通知家属办理相关手续，同时暂停其养老金的发放。户籍认证程序如图 8—6 所示。

（3）群众监督

定期在行政村范围内对参保人的领取待遇资格进行公示，接受群众举报，并进行核实。情况属实的，停止发放养老待遇，追回被冒领的养老金。

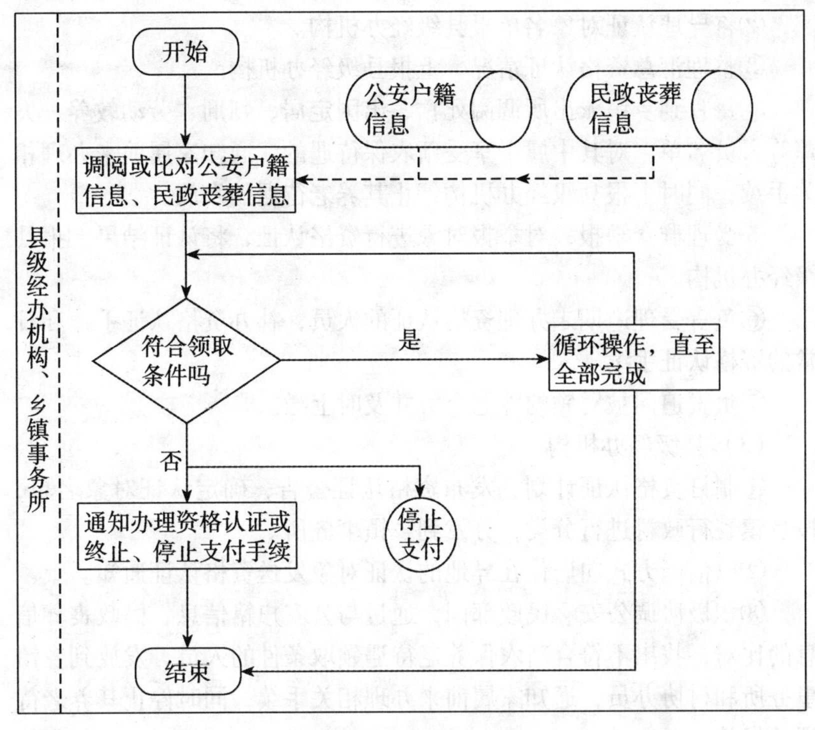


**图 8—6　户籍认证程序**

4. 各级经办主体业务经办环节

（1）村协办员

①根据资格认证的规定通知本村的认证对象，告知相关要求，将异地居住的认证对象名单上报至乡镇事务所。

②协助乡镇经办人员进行资格认证，核对证件材料。

③协助乡镇对举报对象进行核实和认证。

④协助乡镇追回冒领养老金。

（2）乡镇事务所

①负责组织实施资格认证工作，安排所属各村的集中认证时间，按计划时间组织人员到村委会集中认证。

②将异地认证对象名单报县级经办机构。

③整理汇总资格认证情况，上报县级经办机构。

④每月到乡镇派出所调阅死亡、出国定居、判刑、劳动教养、失踪等人员名单，对其中属于享受新农保待遇的，通知家属前来办理相关手续，同时上报县级经办机构停止其养老待遇的发放。

⑤受理群众举报，对举报对象进行资格认证，将认证结果上报县级经办机构。

⑥负责受理逾期未办理资格认证的人员，补办资格认证手续和日常的资格认证手续。

⑦负责追回被冒领的养老金，并及时上缴。

（3）县级经办机构

①制订资格认证计划，发布资格认证公告，确定认证对象名单，按乡镇、行政村进行分类，分发到乡镇事务所。

②以信函方式向居住在异地的认证对象发送资格认证通知。

③积极协调公安、民政部门，通过与公安户籍信息、民政丧葬信息的比对，找出不符合新农保养老待遇领取条件的人员，发放到乡镇事务所和村协办员，通知家属前来办理相关手续，同时停止其养老待遇的发放。

④受理群众举报，敦促乡镇经办人员进行核实，必要时向举报对象发放资格认证通知。

⑤将乡镇事务所上报的资格认证信息导入信息系统。对各种情况分别予以处理。

⑥在每年集中认证基础上，年中不定期对养老对象进行随机抽查认证。

## 五、新农保待遇核定

新农保待遇核定就是农保经办机构根据相关政策规定对达到新农保待遇领取年龄的参保人和老年农民，认定其是否具有待遇领取资格，核算其新农保待遇领取标准、领取时间等。为确保每个符合条件的老年农村居民都能及时享受到新农保养老待遇，新农保待遇核定采取先从上到下、再从下到上的工作模式，即乡镇事务所每月将到达新农保领取年龄、未享受城镇职工基本养老保险待遇的本乡镇农村户籍老年人名单发放至村协办员，由村协办员通知本人办理申请手续，村协办员汇集申请人的材料到乡镇事务所进行申报，乡镇和县级经办机构负责审核申请人的待遇领取资格，确定待遇领取标准、领取时间。

对于不符合条件的，要告知具体原因，做好解释工作。需要补缴或可以补缴的，要告知当事人，等补缴了之后再进行待遇审核。

1. 相关规定和要求

（1）按月领取新农保待遇的条件

①年满60周岁、未享受城镇职工基本养老保险待遇，且满足下列条件之一的有农村户籍的老年人，可以按月领取新农保基础养老金：

新农保制度实施时，距领取年龄超过15年，累计缴费（含补缴）满15年的；

新农保制度实施时，距领取年龄不足15年，从新农保制度实施起至领取年龄，按年连续缴费（含补缴）的；

新农保制度实施时，已年满60周岁，选择一次性趸缴（即一次缴清全部费用）养老保险费的；

新农保制度实施时，已年满60周岁，不缴费，但其符合参保条件的子女已参保缴费或者没有符合参保条件子女的；

新农保制度实施时已领取老农保个人账户养老金的。

**保险实例**

某县2009年实施新农保制度，该县某村居民张某出生年月为1955年3月，于2009年、2010年、2011年、2012年和2013年每年都正常缴费，并且在其到龄前缴了2014年和2015年的保费，实际累计缴费7年。

张某于2015年3月可办理待遇领取手续。根据规定，张某应缴费年限为7年（2015-2009+1），其实际缴费年限达到了7年，符合第2个条件的规定，因此，张某具有按月领取新农保基础养老金待遇的资格。

②上述第2类人，可以自愿选择一次性补足15年养老保险费。

③上述第1、2、3、5类人，还可以按月领取个人账户养老金。

④不满足第1条规定且不愿补缴的参保人，不能按月领取新农保基础养老金和个人账户养老金，应将除政府补贴外的个人账户储存额一次性支付给参保人，终止其新农保关系。

⑤符合第1条规定，但目前被判刑和劳动教养的人员，待其期满释放后再予办理待遇审核手续。

（2）养老金标准

①新农保养老金待遇由基础养老金和个人账户养老金组成，支付终身。

②中央确定的基础养老金标准为每人每月55元。地方政府可以根据实际情况提高基础养老金标准，对于长期缴费的农村居民，可适当加发基础养老金。

③个人账户养老金月计发标准为个人账户全部储存额除以139（与现行城镇职工基本养老保险个人账户养老金计发系数相同）。先计算个人账户三个组成部分（个人缴费、集体补助、政府补贴）的养老金月计发标准，即三个部分的本息储存额分别除以139。满释放后再予办理待遇核定手续。然后三个部分养老金相加后即得到个人账户养老金的月计发标准。

**保险实例**

某人个人账户记账情况为：个人缴费储存额4 500元，集体补助储存额3 000元，政府补贴储存额750元。该人所在省市采用见分进角的进位方法，养老会计发到角。具体计算如下：

个人缴费月计发额=4 500÷139=32.37（元），见分进角后为32.40元

集体补助月计发额=3 000÷139=21.58（元），见分进角后为21.60元

政府补贴月发额750÷139=5.40（元）

则：

个人账户月计发标准=32.40+21.60+5.40=59.40（元）

④办理新农保关系终止手续的人员，以及不满足按月领取新农保基础养老金待遇而选择一次性支付的参保人，领取除政府补贴外的个人账户储存额余额。

（3）待遇支付起止时间

①新农保制度实施时，已年满60周岁的，从新农保制度实施的当月开始享受新农保养老待遇。

②新农保制度实施后到达领取年龄的，从到龄的次月起开始享受新农保养老待遇。

③判刑和劳动教养期满释放后办理待遇核定手续的，从期满之月起享受新农保养老待遇。

④新农保待遇从办理完成申请领取手续的次月起发放，滞后办理的，养老金予以补发。

⑤待遇领取人员死亡，其养老待遇从死亡次月起停止发放，滞后办理的，多发的养老金予以追回。

（4）申报时应提交的材料

①本人居民身份证原件和复印件（第二代居民身份证需正反面复印）。

②本人居民户口簿原件和复印件。

③上述已满60周岁、不缴费子女已参保缴费的还需提供其符合参保条件子女的参保缴费证明（参加社会保险的《缴费明细表》）。

④领取待遇的银行存折复印件。

2. 操作流程图

新型农村社会养老保险待遇核实如图 8—7 所示。

3. 各级经办主体业务经办环节

(1) 村协办员

①通知本村到龄参保人前来办理待遇领取手续，告知需提交的申报材料。

②对到龄人员进行核实，核对相关材料，检查参保人提交的材料是否符合要求，对不在本地居住的检查其生存状况证明，初步审查其待遇领取资格，排除已死亡、非农户籍、出国定居、判刑、劳动教养、失踪等不符合政策规定的人员。

③对于需要补足缴费才可享受新农保养老待遇的，或可以选择补足 15 年缴费的参保人，应给予提醒，并做好政策解释工作。

④按本地区规定的申报时限将相关材料上报乡镇事务所进行待遇领取申报。

⑤负责将《新型农村社会养老保险待遇核定表》发给参保人。对于没有通过审核的人，将原因告知本人。

(2) 乡镇事务所

①按月生成下月到达领取新农保养老待遇年龄参保人员的《新型农村社会养老保险待遇领取通知表》。对于需补足缺缴年度保费后才符合领取条件的，注明需补缴年限，并交村协办员通知参保人员办理领取养老金手续。

②审核村协办员申报的到龄参保人员的待遇领取资格。加强与公安、民政等部门的沟通协作，提高审核的准确性，把好领取资格的审核关。

③将符合待遇领取资格人员的审核信息录入新农保信息系统，并将相关材料上报县级经办机构进行复审。

④将没有通过资格审核的人员名单及原因书面告知村协办员。

⑤将县级经办机构下发的《新型农村社会养老保险待遇核定表》交村协办员转本人。

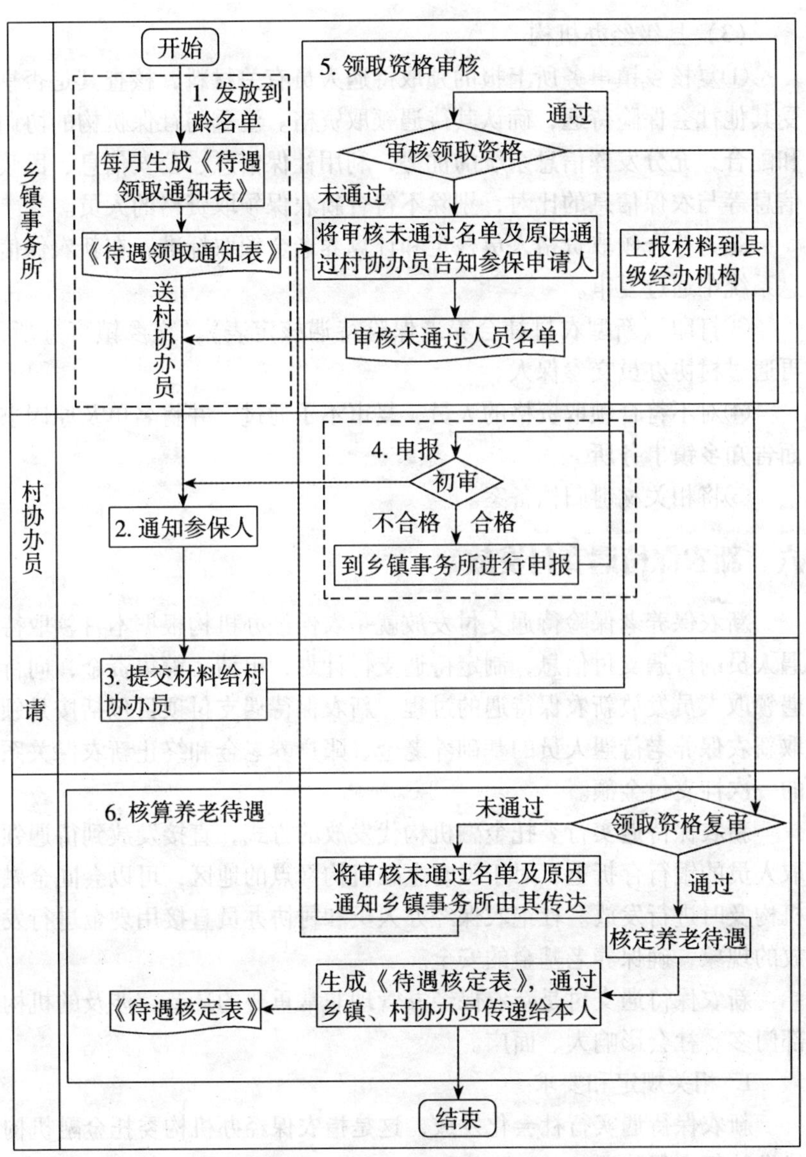


**图 8—7　新农保险待遇核实流程图**

(3) 县级经办机构

①复核乡镇事务所上报的领取待遇人员有关材料，核查其是否享受其他社会保险待遇，确认其待遇领取资格。注重与社保机构的协调和配合，充分发挥信息系统的优势，利用社保信息、公安信息、民政信息等与农保信息的比对，剔除不符合新农保领取资格的人员。

②为符合领取资格人员核定和计算养老金领取标准，在新农保信息系统中通过复审。

③打印《新型农村社会养老保险待遇核定表》，交乡镇事务所，再通过村协办员交参保人。

④对不符合领取资格的人员，复审不予通过，并将名单及原因书面告知乡镇事务所。

⑤将相关材料归档备案。

## 六、新农保待遇支付发放

新农保养老保险待遇支付发放就是农保经办机构根据本月领取待遇人员的待遇支付信息，制定待遇支付计划，申请、筹集资金，向待遇领取人员发放新农保待遇的过程。新农保待遇支付项目包括按月领取新农保养老待遇人员的基础养老金、账户养老金和终止新农保关系的一次性支付金额。

新农保待遇实行委托金融机构代发放的方式，直接发放到待遇领取人员的银行存折上，对于没有金融机构网点的地区，可以会同金融机构及时进行发放。杜绝农保经办人员和村协办员直接用现金进行发放的现象，确保养老基金的安全。

新农保待遇支付是新农保经办管理非常重要的环节，涉及的机构部门多、社会影响大、面广。

1. 相关规定和要求

新农保待遇实行社会化发放，这是指农保经办机构委托金融机构代发放新农保待遇。

经办机构与代发放金融机构需签订新农保待遇代发放协议书，协商确定双方的权利和义务、经办流程、经办人员、信息接口规范、信息交互手段等。

以下是某地农保经办机构委托当地金融机构代发放新农保待遇协议书的主要条款（节选）：

**新农保养老金委托代发协议书**

甲方：××农村社会养老保险事业管理中心

乙方：××银行××支行

为规范新型农村社会养老保险待遇的社会化发放，方便农村居民领取养老金，甲乙双方本着平等协商的原则，就甲方委托乙方代发新型农村社会养老保险待遇等相关事宜，达成如下协议：

一、甲方在本市新农保待遇领取人员的自愿选择前提下，其新农保养老金（含代办项目）发放委托乙方代为办理。

二、甲方应于养老金发放的两个工作日前，向乙方提供当月代发信息的电子数据，并向乙方提供由指定经办人员签字并盖章的纸质《新农保待遇发放信息确认表》（一式两联）作为发放确认指令。

三、甲方应对向乙方提供数据信息的真实性、准确性负责。因数据信息不真实、不准确而导致乙方错发引发的客户争端及损失，由甲方承担全部责任。

四、甲方在乙方处设立的账户，用于归集发放养老金的资金，甲方应于养老金发放前两个工作日，将本次发放的资金划拨至该账户中。由于甲方原因，不能将有关信息或资金按时传送、划拨到位而延误发放所造成的后果，由甲方负责。

五、乙方在操作代发业务前，应确认纸质《新农保待遇发放信息确认表》原件中“文件名”及“字节数”与电子数据完全一致。如发现不一致，应暂缓操作，并及时告知甲方，待甲方查明原因并更正后再行操作，对此引起的延误发放，乙方不承担责任。

六、乙方应在养老金发放当日08：00前将养老金划入新农保待遇人员领取员的个人存折账户中。由于乙方原因，不能将养老金按时划拨到位而延误发放所造成的后果，由乙方承担责任。

七、甲方需发放一次性补助金时，应提前通知乙方，使乙方有相应操作准备时间，并按甲方需要，在个人存折上单列，反映相关内容。

八、乙方在每次养老金发放日的次日将养老金委托发放的回盘信息返回甲方，同时将本次发放不成功人员的资金退回甲方指定的银行账户。

九、乙方应根据甲方要求，为甲方提供养老金发放有关数据资料。同时，乙方营业网点发生拆并、迁移时，应及时通报甲方。

十、本协议未尽事项，由甲乙双方协商处理。

十一、本协议自甲乙双方签字之日起生效。

十二、本协议一式两份，甲乙双方各执一份。

| | |
|---|---|
| 甲方： | 乙方： |
| 法定代表（签章）： | 法定代表（签章）： |
| 负责人或授权代理人： | 负责人或授权代理人： |
| 年　月　日 | 年　月　日 |

操作时，杜绝农保经办人员和村协办员直接用现金进行发放。

新核定领取资格的参保人，从其办理完成申请领取手续的次月起发放养老金。滞后办理申领手续的，初次发放时，其补发月份的养老金一并发放。

2. 操作流程

新型农村社会养老保险待遇发放流程如图8—8所示。县级经办机构每月根据本月待遇享受人员的待遇支付信息制订本县新农保待遇支付计划，申请待遇支付资金。资金到位后，生成发放明细数据报盘文件报银行，同时将待遇支付资金划拨至代发放银行。由银行将支付金额发放给待遇享受人员，然后依据银行反馈的发放信息完成实付记账。对于发放不成功的人员，进行信息勘误更正，再次实施发放或归入下月的支付计划予以补发。

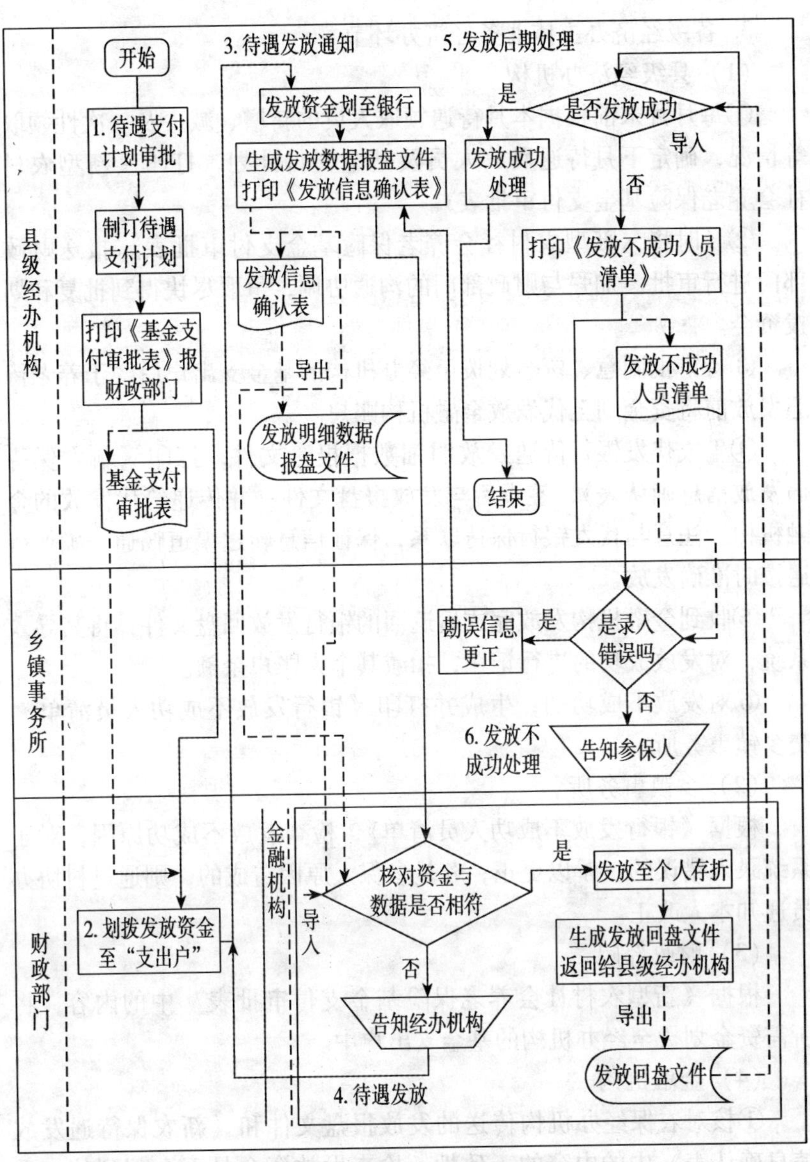


**图 8—8　新农保待遇发放流程图**

3. 各级经济办主体业务经济办环节

（1）县级经济办机构

①每月月末前根据本月待遇领取人员的新增、减少及一次性领取等情况，确定下月待遇发放人员及基金支付计划，打印《新型农村社会养老保险基金支付审批表》。

②及时将《新型农村社会养老保险基金支付审批表》报送财政部门进行审批。加强与财政部门的沟通协调，争取尽快得到批复和划拨资金。

③待审批同意、资金划拨至经办机构的基金支出户后，于养老待遇发放前将资金划至代发放金融机构账户。

④生成代发银行待遇发放明细数据报盘文件，打印《新农保待遇发放信息确认表》，签章后与发放报盘文件一并传递给代发放的金融机构。注意与代发银行保持联系，保证信息转送渠道畅通，确保待遇按时准确发放。

⑤收到金融机构发放完成后返回的银行发放回盘文件，将其导入系统，对发放成功的进行记账，扣减其个人账户余额。

⑥对发放不成功的，生成并打印《银行发放不成功人员清单》，交乡镇事务所。

（2）乡镇事务所

根据《银行发放不成功人员清单》，检查发放不成功原因，对于系统录入错误的，予以更正；若是参保人原因造成的，则通过村协办员通知本人改正。

（3）财政部门

根据《新型农村社会养老保险基金支付审批表》中的内容，将所需资金划拨至经办机构的基金支出户中。

（4）金融机构

①核对农保经办机构传送的发放报盘文件和《新农保待遇发放信息确认表》中的内容的一致性，检查发放资金是否全部到位，无误后，根据发放报盘文件中的发放明细将支付金额划入领取人员的银

行存折中。

②对于账号、公民身份证号码不匹配的，账号不存在，账户挂失、冻结、销户、作废的，不予以支付，在回盘文件中作发放不成功标志，并注明原因。

③将发放回盘文件和支付回执反馈给县级经办机构。

# 第九章 农机保险、农村治安保险、农村劳动力人身保险、小儿保险

## 农家保险

### 辽宁鲅鱼圈协调拖拉机保险工作

辽宁省营口市鲅鱼圈区农机监理所在开展农机安全生产违法行为专项整治行动中，针对农机驾驶人员反映强烈的拖拉机交强险费率偏高、部分保险公司拒绝承保等问题，及时向上级主管部门汇报，并根据中国保监会、农业部《关于切实做好拖拉机交强险承保工作的紧急通知》精神，先后与区内多家保险公司进行沟通协商，研究解决办法。中国人保财险公司现已原则同意根据拖拉机使用性质、载重吨位等各种因素，细分拖拉机保费档次，制定适合本地实际的拖拉机交强险保费费率，以确保拖拉机交强险真正发挥支农、惠农作用。保险公司也表示要不断提高拖拉机交强险承保、理赔服务水平，不再出现擅自提高拖拉机费率或以各种理由拖延、拒绝承保等情况，实现风险共担，利益双赢。

## 一、农机保险

为使各种农业机械在发生保险责任范围内的灾害或事故造成第三者的人身伤亡或财产的直接损毁，以及农业机械本身的损失可以得到合理的经济补偿，保障第三者的经济利益，农户可投保农机保险。

1. 可保范围

可保险的农机具范围为：

(1) 凡经农机管理部门检验合格，可以正常行驶或作业的农机具均可依照本条款规定，向保险公司投保。

(2) 本保险所指的农机具包括以下各项：①各类拖拉、联合收割机、机动脱粒机、机动插身机、集材拖拉机。②各类动力机械。③各类配套拖带的拖斗和农机具。

保险期为一年，保险单载明之时起到保险期满日二十四时止。期满续保另办手续。

本保险分为第三者责任险和机具损失险两个部分，被保险人可一并投保，也可只保第三者责任险，保险公司按照承保险别承担赔偿责任。

2. 第三者责任险

(1) 保险责任

被保险人员或其允许的驾驶人员、操作人员在使用保险农机具进行道路行驶、田间作业、场院作业、农产品加工等过程中发生意外事故，致使第三者遭受人身伤亡或财产的直接损毁。依法应由被保险人承担经济赔偿责任时，保险公司按照本条款的规定负责赔偿，但因事故产生的善后工作均由被保险人处理。

下列人身伤亡和财产损毁，以及由下列原因所致的人身伤亡和财产损毁，不论在法律上是否应由被保险人承担经济赔偿责任，均不属于本保险的第三者责任范围，保险公司概不负责：

①保险农机上的一切人员和财产。

②被保险人及其家庭成员以及他们所有或代管的财产。

③被保险人允许的驾驶人员和操作人员。

④保险农机发生意外事故，一起第三者停业、停产等各种间接损失。

⑤因扒机、跳机引起的人员伤亡。

⑥酒后及麻醉状态下驾驶或操作引起的第三者责任。

⑦被保险人的故意行为。

⑧农用拖拉机在本县邻县以外发生事故造成的损失。

⑨农用拖拉机从事营业运输过程中发生的意外事故造成的损失。

保险金额　第三者责任险的保险金额根据农机的种类、规格分别确定。

（2）赔偿处理

①第三者责任险的赔偿，经双方认定同意结案后，对受害第三者的任何病变或赔偿费用的增加，保险公司不再负责。

②在保险有效期内，如果一次赔款或累计赔款达到第三者责任险保险金额全数时，第三者责任保险责任即行终止，续保另办手续。

③第三者赔偿责任，经有关部门裁决为另一第三者负责或由被保险人和另一第三者共同负责时，保险公司只负责任范围内的赔偿责任，不承担垫付赔款和代位追偿责任。

3. 机具损失险

（1）保险责任

发生以下事件，保险公司负责赔偿：

①保险农机在行驶、停放、田间作业、场院作业及固定地点作业过程中，由于下列原因造成的机具损失，保险公司负责赔偿：碰撞、碾压、翻车、火灾、爆炸、隧道坍塌、空中运行物体的坠落；雷击、暴风、龙卷风、洪水、地陷、冰陷、崖崩、雪崩、雹灾、泥石流；载运保险农机过河的渡船发生事故，但限于有驾驶人员或操作人员随机照料者；拖拉机或拖斗整体失窃三个月以上。

②在发生上述灾害或事故时，被保险人为减少保险农机损失而采取保护、施救所支出的合理费用，但以不超过保险金额的10%为限。

除外责任包括：

①被保险人的故意行为或违法行为。

②竞赛、测试、酒后或麻醉状态下开机或操作以及保险拖拉机在无人操纵时的运动。

③自然磨损、锈蚀、轮胎自身爆裂、明火烤车、汽油擦洗、机身、拖斗被所载货物撞损。

④保险农机因制造缺陷及机体本身机械缺陷造成的损失。

⑤保险农机遭受保险责任范围内的损失后，未经必要的修理而继续使用，致使损失扩大的部分。

⑥保险农机零部件的单独丢失。

⑦保险农机发生灾害事故，丧失作业能力、引起被保险人停业、停驶等各种间接损失。

⑧其他不属于保险责任范围内的损失和费用支出。

农机的保险金额，按投保时的实际价值确定。

（2）赔偿处理

保险农机在保险有效期内，不论发生一次或多次保险责任范围内的损失和费用支出，保险公司均按下列规定赔偿。

①全部损失按保险金额赔偿，但保险金额高于出险时重置价值，以不超出当时的重置价值为限。

②部分损失在保险金额限度内，当保险金额高于出险时重置价值时，按实际损失赔偿；当保险金额低于出险时重置价值时，按保险金额与重置价值的比例计算赔偿。

③保险农机遭受损失后的残余部分，应协议作价折归被保险人，并在赔款中扣除。

④在保险有效期内，如一次赔款或累计赔款达到机具损失险保险金额全数时，保险责任即行终止，保险单同时注销。

⑤保险农机发生责任事故应由第三者承担赔偿责任时，被保险人应向第三者索赔，保险公司不负责垫付赔款和代位追偿责任。

4. 被保险人自负经济责任

为了增强被保险人的责任心，保险公司对每次由被保险人或机上人员违章行为引起的事故赔款，均根据被保险人自负经济责任大小实行免赔，但免赔数额最高不超过 500 元，最低不低于 30 元。

（1）被保险人负事故主要责任或全部责任时，免赔率为经济赔偿额的 10%。

（2）被保险人负事故同等责任时，免赔率为经济赔偿额的 5%。

（3）被保险人负事故次要责任或一定责任时，免赔率为经济赔偿额的2%。

如果保险农机在保险有效期内安全作业无事故，被保险人及保险代办人员在续保时可享受安全奖励。

## 二、农村劳动力人身保险

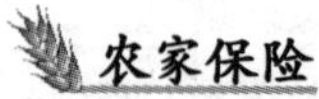

### 农家保险

**保监会：农村小额人身保险试点工作取得初步成效**

自2008年8月中国保监会正式启动试点工作以来，农村小额人身保险试点进展顺利并取得初步成效。截至2009年上半年，在10个多月的时间里试点共承保超过610万低收入农民，保费收入超过1.4亿元，承担的风险保障超过810亿元。试点初步在创新产品、探索经营模式、启发农民保险意识和维护农村家庭经济安全等方面取得预期的成效。

一是创新了产品，使低收入农民买得起保险。试点拓宽了产品保障范围、简化了理赔程序，以及降低产品价格使农民人均花20多元就能获得1万多元的保障。二是探索了模式，使低收入农民买得到保险。试点以来，保险公司探索了四种小额保险模式：全村统保模式、家庭小团单模式、与新农合合作模式，以及与农村相关机构合作模式等，使保险服务延伸到了低收入农民，降低了成本。三是提高了保险意识，使低收入农民愿意买保险。小额保险的惠农公益性和团结互助精神深入试点地区农民心中，农民投保积极性有了很大提高。四是扩大了覆盖面，维护了农村家庭经济安全。截至目前，小额保险为300多万农村家庭提供了超过810亿元的风险保障。

农村小额人身保险试点不仅使农民买得起、买得到、愿意买小额保险，同时还实现了政府满意、农民受益和公司发展的共赢局面。从政府角度看，小额保险发挥了农村社会稳定的“减震器”和经济发展的“保障网”的作用；从农民角度看，小额保险缓解了后顾之忧，并在发生保险事故时能解家庭的燃眉之急；从公司角度看，小额保险带动了农村业务发展的特点很明显，有人认为推广农村小额人身保险是“一根绳牵出了一头牛”。

下一步，保监会将密切关注小额保险发展的普惠性和可持续性，推动小额保险产品和渠道等方面的创新，并加强与国务院扶贫办等相关部委的合作，不断推动小额保险满足低收入群体的真实需求和服务更广泛的低收入群体。同时，保监会还将加强与国际保险监督管协会的合作，将我国小额保险发展经验纳入国际小额保险工作组国别研究，并积极参与小额保险相关标准和监管规则的制定。

资料来源 《保监会：农村小额人身保险试点工作取得初步成效》，中国保监会网站，2009-08-03。

农村劳动力人身保险的全称是农村劳动力小额人身意外伤害保险，为农户在生产生活的人身安全提供保障。有的地方开办有这种保险。

1. 概况

（1）被保险人

被保险人应为年满16周岁至55周岁、身体健康、能正常工作或正常劳动的自然人。

（2）投保人

投保人应为被保险人本人以及对被保险人有保险利益的其他人，如被保险人的亲属。被保险人为限制民事行为能力人的，即18周岁以下的未成年人等，应由其监护人作为投保人。

（3）受益人

一般的伤害情况下，受益人即本人，严重情况下，被保险人身故，需在投保时指定这种情况的受益人。订立本保险合同时，被保险人或投保人可指定一人或数人为身故保险金受益人。身故保险金受益人为数人时，应确定其受益顺序和受益份额；未确定受益份额的，各身故保险金受益人按照相等份额享有受益权。

被保险人或投保人可以变更身故保险金受益人，但需书面通知保险人，由保险人在本保险合同上批注。对因身故保险金受益人变更发生的法律纠纷，保险人不承担任何责任。

投保人指定或变更身故保险金受益人的，应经被保险人书面同意。被保险人为限制民事行为能力人的，应由其监护人指定或变更身故保险金受益人。

（4）保险金额

每项保险金额是保险人承担给付此项保险金责任的最高限额。保险金额由投保人、保险人双方约定，并在保险单中载明。

（5）保险期间

保险期间为1年，以保险单载明的起讫时间为准。投保人到期如要续保，需提前办理有关手续。

2. 保障内容

农村劳动力小额人身意外伤害保险保障的类别分为疾病身故、意外身故、意外残疾、意外烧伤等。

（1）疾病身故

身故是保险领域的术语，就是通常所说的死亡。在保险期间内，被保险人自保险期间开始起90日后（续保者不受90日规定的限制）患上疾病并在保险期间结束90日内因该疾病身故的，保险人按保险单载明的疾病身故保险金额给付保险金，对该被保险人的保险责任终止。

（2）意外身故

在保险期间内，被保险人因遭受意外伤害事故，并自事故发生之日起180日内因该事故身故的，保险人按保险单载明的意外身故保险金额给付保险金，对该被保险人的保险责任终止。

被保险人因遭受意外伤害事故且自该事故发生日起下落不明，后经人民法院宣告死亡的，保险人按保险金额给付保险金。但若被保险人被宣告死亡后生还的，保险金受领人应于知道或应当知道被保险人生还后30日内退还保险人给付的保险金。

（3）意外残疾

在保险期间内，被保险人因遭受意外伤害事故，并自事故发生之日起180日内因同一原因造成保险合同所列残疾程度之一者，保险人按该表所列给付比例乘以保险金额给付残疾保险金。如治疗仍未结束的，按第180日的身体情况进行残疾鉴定，并据此给付残疾保险金。

被保险人因同一意外伤害事故导致保险合同约定一项以上残疾时，保险人给付各项残疾保险金之和。但不同残疾项目属于同一肢时，仅给付其中一项残疾保险金；如残疾项目所对应的给付比例不同时，仅给付其中比例较高一项的残疾保险金。

被保险人本次意外伤害事故所致之残疾，如合并以前因意外伤害事故所致的残疾，可领取保险合同所列较严重项目的残疾保险金者，保险人按较严重的项目给付残疾保险金，但应扣除以前已给付的残疾保险金。

（4）意外烧伤

在保险期间内，被保险人因遭受意外伤害事故，造成保险合同所列烧伤程度之一者，保险人按该表所对应的烧伤程度及下列约定给付意外伤害烧伤保险金。

被保险人因同一意外伤害事故导致烧伤或残疾的，无论是否发生在身体同一部位，保险人仅按给付金额较高的一项给付保险金。

被保险人因不同意外伤害事故烧伤且发生在身体的同一部位时，保险人给付其中较高一项的烧伤保险金，即：后次烧伤保险金的金额较高的，应扣除前次已给付的保险金；前次烧伤保险金的金额较高的，保险人不再给付后次的烧伤保险金。

被保险人因不同意外伤害事故烧伤且发生在身体的不同部位时，保险人给付各项保险金之和以保险金额为限。

3. 免除责任

农村劳动力小额人身意外伤害保险并不是对所有的人身伤害都提供保险，对特定情况下的伤害免除责任，不负责赔偿与给付。免除责任主要包括原因除外和期间除外。

（1）原因除外

因下列原因造成被保险人身故的，保险人不承担给付保险金责任：

①投保人、被保险人、受益人的故意行为；

②因被保险人挑衅或故意行为而导致的打斗、被袭击或被谋杀；

③被保险人未遵医嘱，私自服用、涂用、注射药物；

④生物、化学、原子能武器、原子能或核能装置所造成的爆炸、污染或辐射及由此引起的疾病；

⑤被保险人在投保本保险之前已患有的疾病，或存在任何症状、体征而引致正常而审慎的人寻求诊断、医疗护理或药物治疗，或曾经医生推荐接受医疗治疗或医疗意见。

（2）期间除外

被保险人在下列期间身故的，保险人也不承担给付保险金责任：

①战争、军事行动、暴动、恐怖活动或其他类似的武装叛乱期间；

②被保险人从事违法、犯罪活动期间或被依法拘留、服刑、在逃期间；

③被保险人酗酒或受酒精、毒品、管制药物的影响期间；

④被保险人酒后驾车、无有效驾驶证驾驶或驾驶无有效行驶证的机动交通工具期间；

⑤被保险人患有艾滋病（AIDS）或感染艾滋病病毒（HIV）期间。

4. 保险金申请与给付

在保险领域，有赔偿与给付两种称谓。种植业、养殖业以及农机具等的保险中，称为赔偿。人身保险中，称为给付。二者的区别在于，赔偿是有明确价值标准的，比如一亩蔬菜值多少钱、一头牛值多少钱、一辆拖拉机值多少钱；而给付没有明确价值标准，是一种双方的约定，就是说，断了一条胳膊、死了一个人，无法说这值多少钱，这不是用金钱能够衡量的，只能是投保人和保险公司约定出了意外应该支付多少钱。

（1）申请保险金时应提交的材料

保险金申请人向保险人申请给付保险金时，应提交以下材料。

①保险金给付通知书；

②保险单原件；

③保险金申请人的身份证明；

④公安部门或保险人认可的医疗机构出具的被保险人死亡证明或验尸报告，若被保险人为宣告死亡，保险金申请人应提供人民法院出具的宣告死亡证明文件；

⑤被保险人的户籍注销证明；

⑥保险金申请人所能提供的其他与本项申请相关的材料。

保险金申请人未及时提供有关材料，导致保险人无法核实该申请的真实性的，保险人对无法核实部分不承担给付保险金的责任。保险金申请人因特殊原因不能提供以下材料的，应提供其他合法有效的材料。若保险金申请人委托他人申请的，还应提供授权委托书原件、委托人和受托人的身份证明等相关证明文件。

（2）申请时效

保险金申请人对保险人请求给付保险金的权利，自其知道保险事故发生之日起 2 年不行使而消灭。

5. 注意事项

除了所有保险共有的及时交纳保费、如实告知义务外，这种保险还要注意以下事项。

（1）住址或通讯地址变更通知

投保人住所或通讯地址变更时，应及时以书面形式通知保险人。投保人未通知的，保险人按本保险合同所载的最后住所或通讯地址发送的有关通知，均视为已发送给投保人。

（2）保险事故通知

发生保险责任范围内的事故后，投保人或受益人应在 10 日内以书面形式通知保险人；对因未在 10 日内通知导致保险人无法对事故原因进行合理查勘的，保险人不承担给付保险金的责任；对因未在十日内通知导致保险人无法核实损失情况的，保险人对无法核实部分不承担给付保险金的责任。

(3) 不必重复保险

我国《保险法》规定：重复保险是指投保人对同一保险标的、同一保险利益、同一保险事故分别向两个以上保险人订立保险合同的保险。许多投保人不知道医疗费用保险的补偿原理的情况下，重复保险成了“多出钱不讨好”的事。

重复购买费用型医疗保险的理赔方式：

①同时拥有社会医疗保险，根据社会保险优先于商业保险的原则，应该由社会医疗保险支付后，保险公司对剩余部分医疗费进行理赔。

②对于第三者责任，如交通事故、他人伤害等情况，根据《民法通则》的规定，应该由第三者支付部分医疗费用，剩余由受害人自己负担的医疗费部分（如交通事故判定书中确定受害人承担30%责任），按照保险条款进行理赔。

③对于用人单位支付医疗费用的，个人投保时视同为社会保险。对于用人单位团体投保的，可以由保险公司给予理赔。

④如在其他保险公司同时投保医疗费用保险时，被保险人应出具在其他公司的保险资料，原则上按照保险金额进行比例分摊，承担保险责任。如在其他公司已经理赔者，申请时需要提供医疗费用的原始发票或复印件（需由保存原始发票的保险公司出具相关证明和支付医疗费的数目）。当然也可以在另一家保险公司先行理赔，根据被保险人声明，向其他公司提供相应证明、医疗费用发票或复印件，并且注明理赔金额。即使这家保险公司不予赔付，也照样注明。

⑤如在保险公司其他系列同时投保医疗费用保险时，原则上参照第四条执行。但也可以根据客户需求，在任何一个系列先予理赔。

知识窗

### 重复投保　理赔不重复

在不同公司重复投保相似的医疗保险的情况并不少见，这些投保人渴望在理赔中能获得双重的保障，可往往许多投保人不了解自己投保的是费用报销型的险种，还是津贴型的险种。导致保多了，虽然多交了保费，并没有起到更实际的作用，花了冤枉钱。

珠海市民姜咏韵是一位经商多年的小老板，多年来生意做的稳稳当当，没有社保的她于2004年为自己购买了一份商业医疗费用保险，以保障自己得病之下高额的医疗费用。不过，姜咏韵还是感觉心里不踏实。2005年初，在另一家保险公司代理人的再三推荐下，姜咏韵又买了一份个人住院费用保险。其实两份报单保的范围相差不大，只是有一些细微的差别。但姜咏韵觉得双管齐下，心里踏实了许多。

天有不测风云，2005年8月的一天，半夜刮起了台风，姜咏韵想起没关窗户，站在凳子关窗户的她一不小心，失去平衡，从高凳子上跌落下来。糟糕的是，姜咏韵头先着地，头内积了大量的淤血。情况十分严重的姜咏韵又是开刀，又是住院，治疗了一个多月才康复。

面对高额的治疗费，以及近5 000元进口药费用，姜咏韵心里盘算着：根据保险公司保险条款规定，只有被保险人治病所用的医疗费符合公费医疗、劳保报销以及社会医疗保险的报销条件，保险公司才会给予赔偿，一些进口药在报单是明文规定不予以报销的。但自己有两份医疗保险，两个保险公司赔偿的医疗费用应该足够弥补不能报销的进口药费用。

2005年10月，姜咏韵出院后，前往第一家保险公司理赔，保险公司很快地赔偿了医疗费用补偿保险金6 000多元，住院补贴费用1 000元。之后，姜咏韵又去另一家保险公司同样申请理赔，然而，这家保险答复说只能理赔医保范围内、第一家公司已理赔以外的那部分金额，算下来只有几十元钱。

姜咏韵这样在不同公司重复投保相似的医疗保险的情况并不少见。但这并不意味着可以在不同公司进行重复理赔。不懂保险的姜咏韵就纳闷了，自己投了两份报单，花了两样钱，却得不到双重的保障，岂不是很冤？

据了解，目前市场上的医疗保险有两种：一种是费用报销型的险种，一种是津贴型的险种。费用报销型险种按实际医疗费的支出理赔，遵循保险的补偿原则。也就是，当被保险人的医疗费已经在一个地方，比如别的保险公司、或是社保、或是单位报销，获得补偿之后，就不能再从保险公司获得超出实际支出的超额补偿。按比例赔付不适用于那些医疗津贴型的险种，津贴型险种则不必遵循补偿原则，它一般都是实保实赔。只要发生手术或是住院，就能从保险公司获得理赔；如果在多家公司投保，就能从多家公司得到理赔金，不管投保多少份都进行给付。除了津贴型保险可以买多份而无限制以外，人寿保险中的重大疾病险也不存在重复保险问题，保险金额是不封顶的，只要你愿意多付保险费，就可以买到更高额度的保险。

可姜咏韵投保的两份医疗费用保险都是费用报销型的险种。依照《保险法》规定，费用报销性质的保险给付额度不得超过实际费用。医疗费用重复理赔，各保险公司一般按照比例赔付。姜咏韵先到其中一家保险公司进行理赔，保险公司会在所有的费用单据上盖章，并在医院开出的总费用单上注明公司的名称、赔付的具体金额以及日期。最后连同保单、理赔清单和单据一起归还给姜咏韵。当姜咏韵拿着已理赔过的单据去第二家保险公司理赔时，保险公司会根据具体合同条款，把实际医疗费用扣除已经赔付的金额后给付。所以，总的给付金额不会超过实际的费用。实际上，姜咏韵在第二家公司的医疗保险属于重复保险，也就是保多了，虽然多交了保费，并没有起到更实际的作用。

如果姜咏韵同时在两家保险公司投保的是补贴型保险，两家公司都将按照合同注明的金额足额给付，不考虑是否在其他公司也得到过相同性质的理赔。

经过此次教训后，姜咏韵后悔当初投保时，没有仔细了解报单的性质，导致花了不少冤枉钱。2005 年 12 月，姜咏韵在专业人士的建议下，仔细检查了自己已有的两份保险的保障。费用报销型的医疗保险只需在一家保险公司投保一份就够了，津贴型的保险投保多份也无妨。姜咏韵于是将在第二家保险公司投保的个人住院费用保险停掉，节省一部分保费，转成津贴型医疗保险，以发挥更大的作用。

投保人在投保医疗费用补偿保险时，要衡量自己的具体情况，不要重复投保造成费用浪费。医疗补贴项目的保险虽然可以多方理赔，但是也要根据自己的收入和实际情况来决定，一般以和自己的收入水平持平为原则。

资料来源_罗瑜:《重复投保 理赔不重复》，中国保险网，2006-01-09。

## 三、农村治安保险

### 农家保险

#### 农村治安保险为平安“托底”

农村是整个社会治安防控体系的重要组成部分，但也是薄弱环节，因为与城市相比，农村在社会管理、经济基础、群众素质以及自然地理条件等各方面相对处于劣势，随着时代的发展与改革，农村治安的新情况、新问题也不断增多，侵财、伤害他人案件的多发更是值得关注，在此情况下，治安保险的出现为这些问题指出了一条解决之路。

一、问题：侵财型犯罪案件突出

随着农村贫富差距加大，导致盗、抢、骗等侵财型案件多有发生，从很大程度上损害了农村群众利益。

近日，在沈阳市东陵区桃仙镇马楼子村，村民刘大庆家里刚买的新电视被偷了，令他难过的是，这台新电视是在城里打工的儿子孝敬自己的礼物，没想到刚摆到家里不到半个月，就被小偷惦记上了。

“咱们村就这么大，谁家买个新电器邻里都知道，再说新电视往家里搬的时候，大伙儿也都看着呢，谁成想就被贼瞧上了。”刘大庆无奈地说，现在村里的很多年轻人都在城里打工，挣了钱就想给老家的父母买点好东西，但由于村里偷盗现象猖獗，入室偷盗的事情屡屡发生，这些好意反倒成了父母的负担。

在农村，很多农民最宝贵的就是家中的牲畜，靠家畜耕地、拉磨，养家禽下蛋卖钱。但每到夏季，农村都会接连发生牲畜被盗案件。

6月初，桃仙镇万家岭村的老李家，一夜间家中鸡圈里的鸡被偷了一大半，在采访中，万家岭村的村民反映，村民拿这些小偷根本没有办法，报案后，破案难度不一。村民徐庆发说："小偷太可恨了，他们来无影去无踪，抓他很难，实在不行我就把牲畜圈到自己屋里。"

除了偷盗外，抢劫也让村民人人自危。"这在道上走着，一辆摩托车就开过来，一把就把我的金耳环给撸走了，等反应过来，追都追不上了。"万家岭村的村民李玉向记者描述着被抢的经过。

二、现状："三多一少"防范能力下降

随着农民对于土地的依赖大大降低，劳动力的流动性大大增强，青壮年外出务工逐步增多，农村地区妇女多、儿童多、老人多、青壮年少的现象十分普遍，治安防范能力大为下降，不法分子的可乘之机增多，留守家庭人员的人身财产安全受到威胁。一些不法分子瞅准时机，在农村频繁作案，并将留守的未成年人和妇女作为直接的侵害对象。

在农村，部分留守儿童因老人管教不了，学校老师管教不住，青少年违法犯罪情况较为突出，年龄逐渐呈低龄化。青少年违法犯罪主要集中在初中毕业后没有考上高中和高中毕业后没有考上大学的两个年龄关口。由于他们行为习惯可塑性较大，容易受到诱惑和指使，再加之不能找到合适的工作，无所事事，使得他们中的部分人走上犯罪道路。

小亮（化名）今年16岁，中考失利后，他就一直在家呆着，慢慢地变成了村里游手好闲的人。一次意外的打架，小亮认识了邻村的不良青年，因为受到这些人的诱惑，很快小亮便成为了他们中的一分子，后来在一次盗窃中被民警抓获。

记者在采访中还发现，由于村民思想单纯朴素，对违法犯罪防范意识淡薄，一些城市中常见的简单犯罪伎俩在农村实施起来也屡屡得逞。虽然近年来农村普法教育较多，但在有的地方仍然流于形式，有的农民的法制意识仍相当缺乏，既不懂用法律规范自己的行为，也不善于用法律保护自己的合法权益。同时，随着市场经济的发展，农村流动人口增多，民间积怨、摩擦增多，因债权债务问题、邻里矛盾、宅基地纠纷等引发的打架斗殴、恶性伤害案件时有发生，且暴力程度加剧。

三、经验：治安保险参与农村平安创建

由于我省很多农村面临着警力不足的难题，而建立农村群防群治队伍又缺少经费的支持，农村治安保险的出现有效地解决了这一难题。2008 年，我省作为推行农村治安保险工作的试点，让“治安保险”参与农村平安建设，这种新模式让村民尝到了甜头。

农村治安保险是在党委、政府统一领导下，由综治办组织协调，由保险公司具体组织实施，贯彻合法自愿的原则，以村为单位，以村委会为主体，以契约化管理为手段，约定治安联防和保险责任，形成以治安承包为基础、以出险理赔为补充的群防群治工作新机制。

按照我省下发的《辽宁省实施农村治安保险试点方案》，全省 14 个市确定 24 个乡镇为试点单位，中国人民保险财产股份有限公司（以下简称中国人保财险）辽宁分公司为试点承办单位，法库县成为全省的试点县之一。

据了解，中国人保财险辽宁省分公司根据法库县的实际情况，推出了“和谐家园”治安保险。每个投保户每年向当地人保公司缴纳 50 元保费，其中 30 元由人保公司返还综治部门，作为招聘专职联防队员和加强治安防范的经费；其余 20 元作为保费，一旦投保户发生被盗抢案件或意外事故，保险公司即对所造成的人身伤害、财产损失给予一定的赔付。该险种面向农村，本着群众自觉、自愿的原则，实行社会治安契约化管理和市场化运作。

新宾满族自治县是我省较早进行农村治安保险试点的县，从 2007 年起，这个县就选出一批治安员，建立起专业化的群防群治队伍，经费从农民缴纳的保费中支出。

新宾县按照 150 名投保户设 1 名治安员的比例，通过村民代表大会推荐，村两委班子考核，乡治安保险服务站批准，选聘了 16 名治安员，制定了 12 项工作制度，建立了乡治安巡防大队，经乡派出所统一培训后，统一服装，持证上岗，具体负责各责任区内的治安巡逻、帮教调解、法制宣传等任务。

开展农村治安保险工作，有利于进一步完善社会保障救助体系，是创新社会管理的重大举措。治安保险工作运行以来，理赔均及时到位，老百姓尝到了甜头，疑虑消除了。

为有效推进农村平安建设进程，推进农村治安保险工作，有的地方与人保财险公司合作，开办了农村治安保险。

农村治安保险，是由地方党委、政府统一领导，综治部门组织协调，由人保财险公司具体经办，以村为单位，以村委会为主体，以契约化管理为手段，约定治安联防和保险赔偿责任，形成以治安承包为基础，以出险理赔为补充的群防群治工作新机制。

农村治安保险所使用的产品“和谐家园”，包括保险责任、责任免除、保障项目、保险金额及赔偿办法等项目，是经辽宁省综治办、辽宁省保监局和辽宁省人保财险公司共同研究确定并报国家保险监督管理委员会批准的专用产品，该产品具有保障全面、收费低廉、投保方便、理赔迅速等突出优点，是广大农户必备的风险管理工具，是新农村建设和平安建设的重要保障。

资料来源　冯羽竹、栾岚：《农村治安保险为平安“托底”》，载《辽宁法制报》，2012-07-09。

1. 保险责任

（1）家庭财产方面

①火灾、爆炸；

②因遭受外来人员恶意破坏行为而造成的保险标的的损毁；

③经公安部门确认且30天内未能破案的、有明显现场痕迹的外来人员盗抢行为所致保险标的直接丢失或损毁；

④归被保险人所有并存放于保险单载明地址内的柴草垛因火灾造成的直接损失，外来人员指被保险人及其家庭成员、雇佣的家政服务人员、寄居人 、借住人以外的人员。

（2）人身意外伤害方面

保单载明的被保险人及其配偶和子女因意外伤害而导致身故、残疾和烧伤（如被保险人不满16周岁，仅承保意外身故、残疾保障）。

2. 保障项目和保险金额

某保险公司有关保障项目和保险金额请见表9—1：

表9—1　**农村治安保险保障项目和保险金额情况**

<table>
<tr><th colspan="2">保障项目</th><th>保险金额（元）</th><th>每次事故免赔额（元）</th><th>适用条款</th></tr>
<tr><td rowspan="7">家庭财产</td><td>房屋及室内附属设施</td><td>3 000</td><td rowspan="4">100</td><td rowspan="4">中国人民财产保险股份有限公司“和谐家园”家庭财产保险条款</td></tr>
<tr><td>家用电器</td><td>1 000</td></tr>
<tr><td>存放于室内的粮食、种子、农药、化肥和农膜</td><td>1 000</td></tr>
<tr><td>存放于室内或院内的农机具和农用工具</td><td>1 000</td></tr>
<tr><td>恶意破坏</td><td>2 000</td><td>200</td><td>中国人民财产保险股份有限公司附加恶意破坏保险条款</td></tr>
<tr><td>盗抢</td><td>2 000</td><td>200</td><td>中国人民财产保险股份有限公司附加盗抢保险条款</td></tr>
<tr><td>柴草垛火灾</td><td>200</td><td>无</td><td>中国人民财产保险股份有限公司辽宁省分公司附加柴草垛火灾保险条款</td></tr>
<tr><td>意外伤害</td><td>意外身故、残疾和烧伤（如被保险人不满16周岁，仅承保意外身故、残疾保障）</td><td>8 000</td><td>无</td><td>中国人民财产保险股份有限公司人身意外伤害保险条款（如被保险人不满16周岁，则适用中国人民财产保险股份有限公司学生、幼儿意外伤害保险条款）</td></tr>
</table>

## 四、小儿保险

无论城市还是农村，出于对孩子的珍爱，人们都非常愿意给孩子购买小儿保险，但其中有很多的误区，需要进行深入的分析，也就是要明确想通过保险解决什么问题？然后，自己喜欢哪一类的保险？是消费型，还是返还型？这样，在选择产品的时候才会更合理、更科学，更适合自己。

小孩子的保险一般是意外、重疾、医疗、教育。当然保障越全越好，但还要考虑农户的经济能力。

在给孩子买保险的时候，首先应考虑大人是否有保障，为小孩提供保障的想法是对的，但大人是孩子最大的保险，小孩子的保费是要靠大人来交的，如果大人发生万一，小孩的保险也就保不了。

买保险需要根据自己的实际需求，比如给孩子购买的教育保险。婚嫁保险、日常住院保险、大病保险和意外医疗保险等，这些必须是你确实需要的，然后再根据自己的交费能力来决定购买什么保险。

首先，小孩子购买保险您可以给孩子选择意外伤害+意外医疗，因为孩子的风险意识低，极易发生或大或小的意外。

其次，孩子的免疫系统比较差，您可以为孩子买一份医疗健康保险，平时生个小病什么的都可以报销。同时也要为孩子选择一份少儿重大疾病险，预防小孩万一发生疾病时能有个保障并进行及时治疗。

再次，在这个基础上经济条件好的话可以为孩子选购教育险，从小储备一笔教育金，保障孩子将来能顺利读完大学。

最后，孩子最终的保障是我们大人，所以在为孩子买保险时先为大人购买，也就是先大人后小孩，这样家庭才能得到真正的全面保障。

# 附　录

## 中华人民共和国保险法

1995年6月30日第八届全国人民代表大会常务委员会第十四次会议通过，根据2002年10月28日第九届全国人民代表大会常务委员会第三十次会议《关于修改〈中华人民共和国保险法〉的决定》修正，2009年2月28日第十一届全国人民代表大会常务委员会第七次会议修订。

### 第一章　总则

第一条　为了规范保险活动，保护保险活动当事人的合法权益，加强对保险业的监督管理，维护社会经济秩序和社会公共利益，促进保险事业的健康发展，制定本法。

第二条　本法所称保险，是指投保人根据合同约定，向保险人支付保险费，保险人对于合同约定的可能发生的事故因其发生所造成的财产损失承担赔偿保险金责任，或者当被保险人死亡、伤残、疾病或者达到合同约定的年龄、期限等条件时承担给付保险金责任的商业保险行为。

第三条　在中华人民共和国境内从事保险活动，适用本法。

第四条　从事保险活动必须遵守法律、行政法规，尊重社会公德，不得损害社会公共利益。

第五条　保险活动当事人行使权利、履行义务应当遵循诚实信用原则。

第六条　保险业务由依照本法设立的保险公司以及法律、行政法规规定的其他保险组织经营，其他单位和个人不得经营保险业务。

第七条　在中华人民共和国境内的法人和其他组织需要办理境内保险的，应当向中华人民共和国境内的保险公司投保。

第八条　保险业和银行业、证券业、信托业实行分业经营、分业管理，保险公司与银行、证券、信托业务机构分别设立。国家另有规定的除外。

第九条　国务院保险监督管理机构依法对保险业实施监督管理。

国务院保险监督管理机构根据履行职责的需要设立派出机构。派出机构按照国务院保险监督管理机构的授权履行监督管理职责。

## 第二章　保险合同

第一节　一般规定

第十条　保险合同是投保人与保险人约定保险权利义务关系的协议。

投保人是指与保险人订立保险合同，并按照合同约定负有支付保险费义务的人。

保险人是指与投保人订立保险合同，并按照合同约定承担赔偿或者给付保险金责任的保险公司。

第十一条　订立保险合同，应当协商一致，遵循公平原则确定各方的权利和义务。

除法律、行政法规规定必须保险的外，保险合同自愿订立。

第十二条　人身保险的投保人在保险合同订立时，对被保险人应当具有保险利益。

财产保险的被保险人在保险事故发生时，对保险标的应当具有保险利益。

人身保险是以人的寿命和身体为保险标的的保险。

财产保险是以财产及其有关利益为保险标的的保险。

被保险人是指其财产或者人身受保险合同保障，享有保险金请求权的人。投保人可以为被保险人。

保险利益是指投保人或者被保险人对保险标的具有的法律上承认的利益。

第十三条　投保人提出保险要求，经保险人同意承保，保险合同成立。保险人应当及时向投保人签发保险单或者其他保险凭证。

保险单或者其他保险凭证应当载明当事人双方约定的合同内容。当事人也可以约定采用其他书面形式载明合同内容。

依法成立的保险合同，自成立时生效。投保人和保险人可以对合同的效力约定附条件或者附期限。

第十四条　保险合同成立后，投保人按照约定交付保险费，保险人按照约定的时间开始承担保险责任。

第十五条　除本法另有规定或者保险合同另有约定外，保险合同成立后，投保人可以解除合同，保险人不得解除合同。

第十六条　订立保险合同，保险人就保险标的或者被保险人的有关情况提出询问的，投保人应当如实告知。

投保人故意或者因重大过失未履行前款规定的如实告知义务，足以影响保险人决定是否同意承保或者提高保险费率的，保险人有权解除合同。

前款规定的合同解除权，自保险人知道有解除事由之日起，超过三十日不行使而消灭。自合同成立之日起超过二年的，保险人不得解除合同；发生保险事故的，保险人应当承担赔偿或者给付保险金的责任。

投保人故意不履行如实告知义务的，保险人对于合同解除前发生的保险事故，不承担赔偿或者给付保险金的责任，并不退还保险费。

投保人因重大过失未履行如实告知义务，对保险事故的发生有严重影响的，保险人对于合同解除前发生的保险事故，不承担赔偿或者给付保险金的责任，但应当退还保险费。

保险人在合同订立时已经知道投保人未如实告知的情况的，保险人不得解除合同；发生保险事故的，保险人应当承担赔偿或者给付保险金的责任。

保险事故是指保险合同约定的保险责任范围内的事故。

第十七条　订立保险合同，采用保险人提供的格式条款的，保险人向投保人提供的投保单应当附格式条款，保险人应当向投保人说明合同的内容。

对保险合同中免除保险人责任的条款，保险人在订立合同时应当在投保单、保险单或者其他保险凭证上作出足以引起投保人注意的提示，并对该条款的内容以书面或者口头形式向投保人作出明确说明；未作提示或者明确说明的，该条款不产生效力。

第十八条　保险合同应当包括下列事项：

（一）保险人的名称和住所；

（二）投保人、被保险人的姓名或者名称、住所，以及人身保险的受益人的姓名或者名称、住所；

（三）保险标的；

（四）保险责任和责任免除；

（五）保险期间和保险责任开始时间；

（六）保险金额；

（七）保险费以及支付办法；

（八）保险金赔偿或者给付办法；

（九）违约责任和争议处理；

（十）订立合同的年、月、日。

投保人和保险人可以约定与保险有关的其他事项。

受益人是指人身保险合同中由被保险人或者投保人指定的享有保险金请求权的人。投保人、被保险人可以为受益人。

保险金额是指保险人承担赔偿或者给付保险金责任的最高限额。

第十九条　采用保险人提供的格式条款订立的保险合同中的下列条款无效：

（一）免除保险人依法应承担的义务或者加重投保人、被保险人责任的；

（二）排除投保人、被保险人或者受益人依法享有的权利的。

第二十条　投保人和保险人可以协商变更合同内容。

变更保险合同的，应当由保险人在保险单或者其他保险凭证上批注或者附贴批单，或者由投保人和保险人订立变更的书面协议。

第二十一条　投保人、被保险人或者受益人知道保险事故发生后，应当及时通知保险人。故意或者因重大过失未及时通知，致使保险事故的性质、原因、损失程度等难以确定的，保险人对无法确定的部分，不承担赔偿或者给付保险金的责任，但保险人通过其他途径已经及时知道或者应当及时知道保险事故发生的除外。

第二十二条　保险事故发生后，按照保险合同请求保险人赔偿或者给付保险金时，投保人、被保险人或者受益人应当向保险人提供其所能提供的与确认保险事故的性质、原因、损失程度等有关的证明和资料。

保险人按照合同的约定，认为有关的证明和资料不完整的，应当及时一次性通知投保人、被保险人或者受益人补充提供。

第二十三条　保险人收到被保险人或者受益人的赔偿或者给付保险金的请求后，应当及时作出核定；情形复杂的，应当在三十日内作出核定，但合同另有约定的除外。保险人应当将核定结果通知被保险人或者受益人；对属于保险责任的，在与被保险人或者受益人达成赔偿或者给付保险金的协议后十日内，履行赔偿或者给付保险金义务。保险合同对赔偿或者给付保险金的期限有约定的，保险人应当按照约定履行赔偿或者给付保险金义务。

保险人未及时履行前款规定义务的，除支付保险金外，应当赔偿被保险人或者受益人因此受到的损失。

任何单位和个人不得非法干预保险人履行赔偿或者给付保险金的义务，也不得限制被保险人或者受益人取得保险金的权利。

第二十四条　保险人依照本法第二十三条的规定作出核定后，对不属于保险责任的，应当自作出核定之日起三日内向被保险人或者受益人发出拒绝赔偿或者拒绝给付保险金通知书，并说明理由。

第二十五条　保险人自收到赔偿或者给付保险金的请求和有关证明、资料之日起六十日内，对其赔偿或者给付保险金的数额不能确定的，应当根据已有证明和资料可以确定的数额先予支付；保险人最终确定赔偿或者给付保险金的数额后，应当支付相应的差额。

第二十六条　人寿保险以外的其他保险的被保险人或者受益人，向保险人请求赔偿或者给付保险金的诉讼时效期间为二年，自其知道或者应当知道保险事故发生之日起计算。

人寿保险的被保险人或者受益人向保险人请求给付保险金的诉讼时效期间为五年，自其知道或者应当知道保险事故发生之日起计算。

第二十七条　未发生保险事故，被保险人或者受益人谎称发生了保险事故，向保险人提出赔偿或者给付保险金请求的，保险人有权解除合同，并不退还保险费。

投保人、被保险人故意制造保险事故的，保险人有权解除合同，不承担赔偿或者给付保险金的责任；除本法第四十三条规定外，不退还保险费。

保险事故发生后，投保人、被保险人或者受益人以伪造、变造的有关证明、资料或者其他证据，编造虚假的事故原因或者夸大损失程度的，保险人对其虚报的部分不承担赔偿或者给付保险金的责任。

投保人、被保险人或者受益人有前三款规定行为之一，致使保险人支付保险金或者支出费用的，应当退回或者赔偿。

第二十八条　保险人将其承担的保险业务，以分保形式部分转移给其他保险人的，为再保险。

应再保险接受人的要求，再保险分出人应当将其自负责任及原保险的有关情况书面告知再保险接受人。

第二十九条　再保险接受人不得向原保险的投保人要求支付保险费。

原保险的被保险人或者受益人不得向再保险接受人提出赔偿或者给付保险金的请求。

再保险分出人不得以再保险接受人未履行再保险责任为由，拒绝履行或者迟延履行其原保险责任。

第三十条　采用保险人提供的格式条款订立的保险合同，保险人与投保人、被保险人或者受益人对合同条款有争议的，应当按照通常理解予以解释。对合同条款有两种以上解释的，人民法院或者仲裁机构应当作出有利于被保险人和受益人的解释。

第二节　人身保险合同

第三十一条　投保人对下列人员具有保险利益：

（一）本人；

（二）配偶、子女、父母；

（三）前项以外与投保人有抚养、赡养或者扶养关系的家庭其他成员、近亲属；

（四）与投保人有劳动关系的劳动者。

除前款规定外，被保险人同意投保人为其订立合同的，视为投保人对被保险人具有保险利益。

订立合同时，投保人对被保险人不具有保险利益的，合同无效。

第三十二条　投保人申报的被保险人年龄不真实，并且其真实年龄不符合合同约定的年龄限制的，保险人可以解除合同，并按照合同约定退还保险单的现金价值。保险人行使合同解除权，适用本法第十六条第三款、第六款的规定。

投保人申报的被保险人年龄不真实，致使投保人支付的保险费少于应付保险费的，保险人有权更正并要求投保人补交保险费，或者在给付保险金时按照实付保险费与应付保险费的比例支付。

投保人申报的被保险人年龄不真实，致使投保人支付的保险费多于应付保险费的，保险人应当将多收的保险费退还投保人。

第三十三条　投保人不得为无民事行为能力人投保以死亡为给付保险金条件的人身保险，保险人也不得承保。

父母为其未成年子女投保的人身保险，不受前款规定限制。但是，因被保险人死亡给付的保险金总和不得超过国务院保险监督管理机构规定的限额。

第三十四条　以死亡为给付保险金条件的合同，未经被保险人同意并认可保险金额的，合同无效。

按照以死亡为给付保险金条件的合同所签发的保险单，未经被保险人书面同意，不得转让或者质押。

父母为其未成年子女投保的人身保险，不受本条第一款规定限制。

第三十五条　投保人可以按照合同约定向保险人一次支付全部保险费或者分期支付保险费。

第三十六条　合同约定分期支付保险费，投保人支付首期保险费后，除合同另有约定外，投保人自保险人催告之日起超过三十日未支付当期保险费，或者超过约定的期限六十日未支付当期保险费的，合同效力中止，或者由保险人按照合同约定的条件减少保险金额。

被保险人在前款规定期限内发生保险事故的，保险人应当按照合同约定给付保险金，但可以扣减欠交的保险费。

第三十七条　合同效力依照本法第三十六条规定中止的，经保险人与投保人协商并达成协议，在投保人补交保险费后，合同效力恢复。但是，自合同效力中止之日起满二年双方未达成协议的，保险人有权解除合同。

保险人依照前款规定解除合同的，应当按照合同约定退还保险单的现金价值。

第三十八条　保险人对人寿保险的保险费，不得用诉讼方式要求投保人支付。

第三十九条　人身保险的受益人由被保险人或者投保人指定。

投保人指定受益人时须经被保险人同意。投保人为与其有劳动关系的劳动者投保人身保险，不得指定被保险人及其近亲属以外的人为受益人。

被保险人为无民事行为能力人或者限制民事行为能力人的，可以由其监护人指定受益人。

第四十条　被保险人或者投保人可以指定一人或者数人为受

益人。

受益人为数人的，被保险人或者投保人可以确定受益顺序和受益份额；未确定受益份额的，受益人按照相等份额享有受益权。

第四十一条　被保险人或者投保人可以变更受益人并书面通知保险人。保险人收到变更受益人的书面通知后，应当在保险单或者其他保险凭证上批注或者附贴批单。

投保人变更受益人时须经被保险人同意。

第四十二条　被保险人死亡后，有下列情形之一的，保险金作为被保险人的遗产，由保险人依照《中华人民共和国继承法》的规定履行给付保险金的义务：

（一）没有指定受益人，或者受益人指定不明无法确定的；

（二）受益人先于被保险人死亡，没有其他受益人的；

（三）受益人依法丧失受益权或者放弃受益权，没有其他受益人的。

受益人与被保险人在同一事件中死亡，且不能确定死亡先后顺序的，推定受益人死亡在先。

第四十三条　投保人故意造成被保险人死亡、伤残或者疾病的，保险人不承担给付保险金的责任。投保人已交足二年以上保险费的，保险人应当按照合同约定向其他权利人退还保险单的现金价值。

受益人故意造成被保险人死亡、伤残、疾病的，或者故意杀害被保险人未遂的，该受益人丧失受益权。

第四十四条　以被保险人死亡为给付保险金条件的合同，自合同成立或者合同效力恢复之日起二年内，被保险人自杀的，保险人不承担给付保险金的责任，但被保险人自杀时为无民事行为能力人的除外。

保险人依照前款规定不承担给付保险金责任的，应当按照合同约定退还保险单的现金价值。

第四十五条　因被保险人故意犯罪或者抗拒依法采取的刑事强制措施导致其伤残或者死亡的，保险人不承担给付保险金的责任。投保人已交足二年以上保险费的，保险人应当按照合同约定退还保险单的现金价值。

第四十六条 被保险人因第三者的行为而发生死亡、伤残或者疾病等保险事故的，保险人向被保险人或者受益人给付保险金后，不享有向第三者追偿的权利，但被保险人或者受益人仍有权向第三者请求赔偿。

第四十七条 投保人解除合同的，保险人应当自收到解除合同通知之日起三十日内，按照合同约定退还保险单的现金价值。

第三节 财产保险合同

第四十八条 保险事故发生时，被保险人对保险标的不具有保险利益的，不得向保险人请求赔偿保险金。

第四十九条 保险标的转让的，保险标的的受让人承继被保险人的权利和义务。

保险标的转让的，被保险人或者受让人应当及时通知保险人，但货物运输保险合同和另有约定的合同除外。

因保险标的转让导致危险程度显著增加的，保险人自收到前款规定的通知之日起三十日内，可以按照合同约定增加保险费或者解除合同。保险人解除合同的，应当将已收取的保险费，按照合同约定扣除自保险责任开始之日起至合同解除之日止应收的部分后，退还投保人。

被保险人、受让人未履行本条第二款规定的通知义务的，因转让导致保险标的危险程度显著增加而发生的保险事故，保险人不承担赔偿保险金的责任。

第五十条 货物运输保险合同和运输工具航程保险合同，保险责任开始后，合同当事人不得解除合同。

第五十一条 被保险人应当遵守国家有关消防、安全、生产操作、劳动保护等方面的规定，维护保险标的的安全。

保险人可以按照合同约定对保险标的的安全状况进行检查，及时向投保人、被保险人提出消除不安全因素和隐患的书面建议。

投保人、被保险人未按照约定履行其对保险标的的安全应尽责任的，保险人有权要求增加保险费或者解除合同。

保险人为维护保险标的的安全，经被保险人同意，可以采取安全预防措施。

第五十二条　在合同有效期内，保险标的的危险程度显著增加的，被保险人应当按照合同约定及时通知保险人，保险人可以按照合同约定增加保险费或者解除合同。保险人解除合同的，应当将已收取的保险费，按照合同约定扣除自保险责任开始之日起至合同解除之日止应收的部分后，退还投保人。

被保险人未履行前款规定的通知义务的，因保险标的的危险程度显著增加而发生的保险事故，保险人不承担赔偿保险金的责任。

第五十三条　有下列情形之一的，除合同另有约定外，保险人应当降低保险费，并按日计算退还相应的保险费：

（一）据以确定保险费率的有关情况发生变化，保险标的的危险程度明显减少的；

（二）保险标的的保险价值明显减少的。

第五十四条　保险责任开始前，投保人要求解除合同的，应当按照合同约定向保险人支付手续费，保险人应当退还保险费。保险责任开始后，投保人要求解除合同的，保险人应当将已收取的保险费，按照合同约定扣除自保险责任开始之日起至合同解除之日止应收的部分后，退还投保人。

第五十五条　投保人和保险人约定保险标的的保险价值并在合同中载明的，保险标的发生损失时，以约定的保险价值为赔偿计算标准。

投保人和保险人未约定保险标的的保险价值的，保险标的发生损失时，以保险事故发生时保险标的的实际价值为赔偿计算标准。

保险金额不得超过保险价值。超过保险价值的，超过部分无效，保险人应当退还相应的保险费。

保险金额低于保险价值的，除合同另有约定外，保险人按照保险

金额与保险价值的比例承担赔偿保险金的责任。

第五十六条　重复保险的投保人应当将重复保险的有关情况通知各保险人。

重复保险的各保险人赔偿保险金的总和不得超过保险价值。除合同另有约定外，各保险人按照其保险金额与保险金额总和的比例承担赔偿保险金的责任。

重复保险的投保人可以就保险金额总和超过保险价值的部分，请求各保险人按比例返还保险费。

重复保险是指投保人对同一保险标的、同一保险利益、同一保险事故分别与两个以上保险人订立保险合同，且保险金额总和超过保险价值的保险。

第五十七条　保险事故发生时，被保险人应当尽力采取必要的措施，防止或者减少损失。

保险事故发生后，被保险人为防止或者减少保险标的的损失所支付的必要的、合理的费用，由保险人承担；保险人所承担的费用数额在保险标的损失赔偿金额以外另行计算，最高不超过保险金额的数额。

第五十八条　保险标的发生部分损失的，自保险人赔偿之日起三十日内，投保人可以解除合同；除合同另有约定外，保险人也可以解除合同，但应当提前十五日通知投保人。

合同解除的，保险人应当将保险标的未受损失部分的保险费，按照合同约定扣除自保险责任开始之日起至合同解除之日止应收的部分后，退还投保人。

第五十九条　保险事故发生后，保险人已支付了全部保险金额，并且保险金额等于保险价值的，受损保险标的的全部权利归于保险人；保险金额低于保险价值的，保险人按照保险金额与保险价值的比例取得受损保险标的的部分权利。

第六十条　因第三者对保险标的的损害而造成保险事故的，保险人自向被保险人赔偿保险金之日起，在赔偿金额范围内代位行使被保险人对第三者请求赔偿的权利。

前款规定的保险事故发生后，被保险人已经从第三者取得损害赔偿的，保险人赔偿保险金时，可以相应扣减被保险人从第三者已取得的赔偿金额。

保险人依照本条第一款规定行使代位请求赔偿的权利，不影响被保险人就未取得赔偿的部分向第三者请求赔偿的权利。

第六十一条　保险事故发生后，保险人未赔偿保险金之前，被保险人放弃对第三者请求赔偿的权利的，保险人不承担赔偿保险金的责任。

保险人向被保险人赔偿保险金后，被保险人未经保险人同意放弃对第三者请求赔偿的权利的，该行为无效。

被保险人故意或者因重大过失致使保险人不能行使代位请求赔偿的权利的，保险人可以扣减或者要求返还相应的保险金。

第六十二条　除被保险人的家庭成员或者其组成人员故意造成本法第六十条第一款规定的保险事故外，保险人不得对被保险人的家庭成员或者其组成人员行使代位请求赔偿的权利。

第六十三条　保险人向第三者行使代位请求赔偿的权利时，被保险人应当向保险人提供必要的文件和所知道的有关情况。

第六十四条　保险人、被保险人为查明和确定保险事故的性质、原因和保险标的的损失程度所支付的必要的、合理的费用，由保险人承担。

第六十五条　保险人对责任保险的被保险人给第三者造成的损害，可以依照法律的规定或者合同的约定，直接向该第三者赔偿保险金。

责任保险的被保险人给第三者造成损害，被保险人对第三者应负的赔偿责任确定的，根据被保险人的请求，保险人应当直接向该第三者赔偿保险金。被保险人怠于请求的，第三者有权就其应获赔偿部分直接向保险人请求赔偿保险金。

责任保险的被保险人给第三者造成损害，被保险人未向该第三者赔偿的，保险人不得向被保险人赔偿保险金。

责任保险是指以被保险人对第三者依法应负的赔偿责任为保险标的的保险。

第六十六条　责任保险的被保险人因给第三者造成损害的保险事故而被提起仲裁或者诉讼的，被保险人支付的仲裁或者诉讼费用以及其他必要的、合理的费用，除合同另有约定外，由保险人承担。

## 第三章　保险公司

第六十七条　设立保险公司应当经国务院保险监督管理机构批准。

国务院保险监督管理机构审查保险公司的设立申请时，应当考虑保险业的发展和公平竞争的需要。

第六十八条　设立保险公司应当具备下列条件：

（一）主要股东具有持续盈利能力，信誉良好，最近三年内无重大违法违规记录，净资产不低于人民币二亿元；

（二）有符合本法和《中华人民共和国公司法》规定的章程；

（三）有符合本法规定的注册资本；

（四）有具备任职专业知识和业务工作经验的董事、监事和高级管埋人员；

（五）有健全的组织机构和管理制度；

（六）有符合要求的营业场所和与经营业务有关的其他设施；

（七）法律、行政法规和国务院保险监督管理机构规定的其他条件。

第六十九条　设立保险公司，其注册资本的最低限额为人民币二亿元。

国务院保险监督管理机构根据保险公司的业务范围、经营规模，可以调整其注册资本的最低限额，但不得低于本条第一款规定的限额。

保险公司的注册资本必须为实缴货币资本。

第七十条　申请设立保险公司，应当向国务院保险监督管理机构提出书面申请，并提交下列材料：

（一）设立申请书，申请书应当载明拟设立的保险公司的名称、注册资本、业务范围等；

（二）可行性研究报告；

（三）筹建方案；

（四）投资人的营业执照或者其他背景资料，经会计师事务所审计的上一年度财务会计报告；

（五）投资人认可的筹备组负责人和拟任董事长、经理名单及本人认可证明；

（六）国务院保险监督管理机构规定的其他材料。

第七十一条　国务院保险监督管理机构应当对设立保险公司的申请进行审查，自受理之日起六个月内作出批准或者不批准筹建的决定，并书面通知申请人。决定不批准的，应当书面说明理由。

第七十二条　申请人应当自收到批准筹建通知之日起一年内完成筹建工作；筹建期间不得从事保险经营活动。

第七十三条　筹建工作完成后，申请人具备本法第六十八条规定的设立条件的，可以向国务院保险监督管理机构提出开业申请。

国务院保险监督管理机构应当自受理开业申请之日起六十日内，作出批准或者不批准开业的决定。决定批准的，颁发经营保险业务许可证；决定不批准的，应当书面通知申请人并说明理由。

第七十四条　保险公司在中华人民共和国境内设立分支机构，应当经保险监督管理机构批准。

保险公司分支机构不具有法人资格，其民事责任由保险公司承担。

第七十五条　保险公司申请设立分支机构，应当向保险监督管理机构提出书面申请，并提交下列材料：

（一）设立申请书；

（二）拟设机构三年业务发展规划和市场分析材料；

（三）拟任高级管理人员的简历及相关证明材料；

（四）国务院保险监督管理机构规定的其他材料。

第七十六条　保险监督管理机构应当对保险公司设立分支机构的申请进行审查，自受理之日起六十日内作出批准或者不批准的决定。决定批准的，颁发分支机构经营保险业务许可证；决定不批准的，应当书面通知申请人并说明理由。

第七十七条　经批准设立的保险公司及其分支机构，凭经营保险业务许可证向工商行政管理机关办理登记，领取营业执照。

第七十八条　保险公司及其分支机构自取得经营保险业务许可证之日起六个月内，无正当理由未向工商行政管理机关办理登记的，其经营保险业务许可证失效。

第七十九条　保险公司在中华人民共和国境外设立子公司、分支机构、代表机构，应当经国务院保险监督管理机构批准。

第八十条　外国保险机构在中华人民共和国境内设立代表机构，应当经国务院保险监督管理机构批准。代表机构不得从事保险经营活动。

第八十一条　保险公司的董事、监事和高级管理人员，应当品行良好，熟悉与保险相关的法律、行政法规，具有履行职责所需的经营管理能力，并在任职前取得保险监督管理机构核准的任职资格。

保险公司高级管理人员的范围由国务院保险监督管理机构规定。

第八十二条　有《中华人民共和国公司法》第一百四十七条规定的情形或者下列情形之一的，不得担任保险公司的董事、监事、高级管理人员：

（一）因违法行为或者违纪行为被金融监督管理机构取消任职资格的金融机构的董事、监事、高级管理人员，自被取消任职资格之日起未逾五年的；

（二）因违法行为或者违纪行为被吊销执业资格的律师、注册会计师或者资产评估机构、验证机构等机构的专业人员，自被吊销执业资格之日起未逾五年的。

第八十三条　保险公司的董事、监事、高级管理人员执行公司职务时违反法律、行政法规或者公司章程的规定，给公司造成损失的，应当承担赔偿责任。

第八十四条　保险公司有下列情形之一的，应当经保险监督管理机构批准：

（一）变更名称；

（二）变更注册资本；

（三）变更公司或者分支机构的营业场所；

（四）撤销分支机构；

（五）公司分立或者合并；

（六）修改公司章程；

（七）变更出资额占有限责任公司资本总额百分之五以上的股东，或者变更持有股份有限公司股份百分之五以上的股东；

（八）国务院保险监督管理机构规定的其他情形。

第八十五条　保险公司应当聘用经国务院保险监督管理机构认可的精算专业人员，建立精算报告制度。

保险公司应当聘用专业人员，建立合规报告制度。

第八十六条　保险公司应当按照保险监督管理机构的规定，报送有关报告、报表、文件和资料。

保险公司的偿付能力报告、财务会计报告、精算报告、合规报告及其他有关报告、报表、文件和资料必须如实记录保险业务事项，不得有虚假记载、误导性陈述和重大遗漏。

第八十七条　保险公司应当按照国务院保险监督管理机构的规定妥善保管业务经营活动的完整账簿、原始凭证和有关资料。

前款规定的账簿、原始凭证和有关资料的保管期限，自保险合同终止之日起计算，保险期间在一年以下的不得少于五年，保险期间超过一年的不得少于十年。

第八十八条　保险公司聘请或者解聘会计师事务所、资产评估机构、资信评级机构等中介服务机构，应当向保险监督管理机构报告；

解聘会计师事务所、资产评估机构、资信评级机构等中介服务机构，应当说明理由。

第八十九条　保险公司因分立、合并需要解散，或者股东会、股东大会决议解散，或者公司章程规定的解散事由出现，经国务院保险监督管理机构批准后解散。

经营有人寿保险业务的保险公司，除因分立、合并或者被依法撤销外，不得解散。

保险公司解散，应当依法成立清算组进行清算。

第九十条　保险公司有《中华人民共和国企业破产法》第二条规定情形的，经国务院保险监督管理机构同意，保险公司或者其债权人可以依法向人民法院申请重整、和解或者破产清算；国务院保险监督管理机构也可以依法向人民法院申请对该保险公司进行重整或者破产清算。

第九十一条　破产财产在优先清偿破产费用和共益债务后，按照下列顺序清偿：

（一）所欠职工工资和医疗、伤残补助、抚恤费用，所欠应当划入职工个人账户的基本养老保险、基本医疗保险费用，以及法律、行政法规规定应当支付给职工的补偿金；

（二）赔偿或者给付保险金；

（三）保险公司欠缴的除第（一）项规定以外的社会保险费用和所欠税款；

（四）普通破产债权。

破产财产不足以清偿同一顺序的清偿要求的，按照比例分配。

破产保险公司的董事、监事和高级管理人员的工资，按照该公司职工的平均工资计算。

第九十二条　经营有人寿保险业务的保险公司被依法撤销或者被依法宣告破产的，其持有的人寿保险合同及责任准备金，必须转让给其他经营有人寿保险业务的保险公司；不能同其他保险公司达成转让协议的，由国务院保险监督管理机构指定经营有人寿保险业务的保险公司接受转让。

转让或者由国务院保险监督管理机构指定接受转让前款规定的人寿保险合同及责任准备金的，应当维护被保险人、受益人的合法权益。

第九十三条　保险公司依法终止其业务活动，应当注销其经营保险业务许可证。

第九十四条　保险公司，除本法另有规定外，适用《中华人民共和国公司法》的规定。

## 第四章　保险经营规则

第九十五条　保险公司的业务范围：

（一）人身保险业务，包括人寿保险、健康保险、意外伤害保险等保险业务；

（二）财产保险业务，包括财产损失保险、责任保险、信用保险、保证保险等保险业务；

（三）国务院保险监督管理机构批准的与保险有关的其他业务。

保险人不得兼营人身保险业务和财产保险业务。但是，经营财产保险业务的保险公司经国务院保险监督管理机构批准，可以经营短期健康保险业务和意外伤害保险业务。

保险公司应当在国务院保险监督管理机构依法批准的业务范围内从事保险经营活动。

第九十六条　经国务院保险监督管理机构批准，保险公司可以经营本法第九十五条规定的保险业务的下列再保险业务：

（一）分出保险；

（二）分入保险。

第九十七条　保险公司应当按照其注册资本总额的百分之二十提取保证金，存入国务院保险监督管理机构指定的银行，除公司清算时用于清偿债务外，不得动用。

第九十八条　保险公司应当根据保障被保险人利益、保证偿付能力的原则，提取各项责任准备金。

保险公司提取和结转责任准备金的具体办法，由国务院保险监督管理机构制定。

第九十九条　保险公司应当依法提取公积金。

第一百条　保险公司应当缴纳保险保障基金。

保险保障基金应当集中管理，并在下列情形下统筹使用：

（一）在保险公司被撤销或者被宣告破产时，向投保人、被保险人或者受益人提供救济；

（二）在保险公司被撤销或者被宣告破产时，向依法接受其人寿保险合同的保险公司提供救济；

（三）国务院规定的其他情形。

保险保障基金筹集、管理和使用的具体办法，由国务院制定。

第一百零一条　保险公司应当具有与其业务规模和风险程度相适应的最低偿付能力。保险公司的认可资产减去认可负债的差额不得低于国务院保险监督管理机构规定的数额；低于规定数额的，应当按照国务院保险监督管理机构的要求采取相应措施达到规定的数额。

第一百零二条　经营财产保险业务的保险公司当年自留保险费，不得超过其实有资本金加公积金总和的四倍。

第一百零三条　保险公司对每一危险单位，即对一次保险事故可能造成的最大损失范围所承担的责任，不得超过其实有资本金加公积金总和的百分之十；超过的部分应当办理再保险。

保险公司对危险单位的划分应当符合国务院保险监督管理机构的规定。

第一百零四条　保险公司对危险单位的划分方法和巨灾风险安排方案，应当报国务院保险监督管理机构备案。

第一百零五条　保险公司应当按照国务院保险监督管理机构的规定办理再保险，并审慎选择再保险接受人。

第一百零六条　保险公司的资金运用必须稳健，遵循安全性原则。

保险公司的资金运用限于下列形式：

（一）银行存款；

（二）买卖债券、股票、证券投资基金份额等有价证券；

（三）投资不动产；

（四）国务院规定的其他资金运用形式。

保险公司资金运用的具体管理办法，由国务院保险监督管理机构依照前两款的规定制定。

第一百零七条　经国务院保险监督管理机构会同国务院证券监督管理机构批准，保险公司可以设立保险资产管理公司。

保险资产管理公司从事证券投资活动，应当遵守《中华人民共和国证券法》等法律、行政法规的规定。

保险资产管理公司的管理办法，由国务院保险监督管理机构会同国务院有关部门制定。

第一百零八条　保险公司应当按照国务院保险监督管理机构的规定，建立对关联交易的管理和信息披露制度。

第一百零九条　保险公司的控股股东、实际控制人、董事、监事、高级管理人员不得利用关联交易损害公司的利益。

第一百一十条　保险公司应当按照国务院保险监督管理机构的规定，真实、准确、完整地披露财务会计报告、风险管理状况、保险产品经营情况等重大事项。

第一百一十一条　保险公司从事保险销售的人员应当符合国务院保险监督管理机构规定的资格条件，取得保险监督管理机构颁发的资格证书。

前款规定的保险销售人员的范围和管理办法，由国务院保险监督管理机构规定。

第一百一十二条　保险公司应当建立保险代理人登记管理制度，加强对保险代理人的培训和管理，不得唆使、诱导保险代理人进行违背诚信义务的活动。

第一百一十三条　保险公司及其分支机构应当依法使用经营保险

业务许可证，不得转让、出租、出借经营保险业务许可证。

第一百一十四条　保险公司应当按照国务院保险监督管理机构的规定，公平、合理拟订保险条款和保险费率，不得损害投保人、被保险人和受益人的合法权益。

保险公司应当按照合同约定和本法规定，及时履行赔偿或者给付保险金义务。

第一百一十五条　保险公司开展业务，应当遵循公平竞争的原则，不得从事不正当竞争。

第一百一十六条　保险公司及其工作人员在保险业务活动中不得有下列行为：

（一）欺骗投保人、被保险人或者受益人；

（二）对投保人隐瞒与保险合同有关的重要情况；

（三）阻碍投保人履行本法规定的如实告知义务，或者诱导其不履行本法规定的如实告知义务；

（四）给予或者承诺给予投保人、被保险人、受益人保险合同约定以外的保险费回扣或者其他利益；

（五）拒不依法履行保险合同约定的赔偿或者给付保险金义务；

（六）故意编造未曾发生的保险事故、虚构保险合同或者故意夸大已经发生的保险事故的损失程度进行虚假理赔，骗取保险金或者牟取其他不正当利益；

（七）挪用、截留、侵占保险费；

（八）委托未取得合法资格的机构或者个人从事保险销售活动；

（九）利用开展保险业务为其他机构或者个人牟取不正当利益；

（十）利用保险代理人、保险经纪人或者保险评估机构，从事以虚构保险中介业务或者编造退保等方式套取费用等违法活动；

（十一）以捏造、散布虚假事实等方式损害竞争对手的商业信誉，或者以其他不正当竞争行为扰乱保险市场秩序；

（十二）泄露在业务活动中知悉的投保人、被保险人的商业秘密；

（十三）违反法律、行政法规和国务院保险监督管理机构规定的其他行为。

## 第五章 保险代理人和保险经纪人

第一百一十七条 保险代理人是根据保险人的委托，向保险人收取佣金，并在保险人授权的范围内代为办理保险业务的机构或者个人。

保险代理机构包括专门从事保险代理业务的保险专业代理机构和兼营保险代理业务的保险兼业代理机构。

第一百一十八条 保险经纪人是基于投保人的利益，为投保人与保险人订立保险合同提供中介服务，并依法收取佣金的机构。

第一百一十九条 保险代理机构、保险经纪人应当具备国务院保险监督管理机构规定的条件，取得保险监督管理机构颁发的经营保险代理业务许可证、保险经纪业务许可证。

保险专业代理机构、保险经纪人凭保险监督管理机构颁发的许可证向工商行政管理机关办理登记，领取营业执照。

保险兼业代理机构凭保险监督管理机构颁发的许可证，向工商行政管理机关办理变更登记。

第一百二十条 以公司形式设立保险专业代理机构、保险经纪人，其注册资本最低限额适用《中华人民共和国公司法》的规定。

国务院保险监督管理机构根据保险专业代理机构、保险经纪人的业务范围和经营规模，可以调整其注册资本的最低限额，但不得低于《中华人民共和国公司法》规定的限额。

保险专业代理机构、保险经纪人的注册资本或者出资额必须为实缴货币资本。

第一百二十一条 保险专业代理机构、保险经纪人的高级管理人员，应当品行良好，熟悉保险法律、行政法规，具有履行职责所需的经营管理能力，并在任职前取得保险监督管理机构核准的任职资格。

第一百二十二条 个人保险代理人、保险代理机构的代理从业人员、保险经纪人的经纪从业人员，应当具备国务院保险监督管理机构规定的资格条件，取得保险监督管理机构颁发的资格证书。

第一百二十三条　保险代理机构、保险经纪人应当有自己的经营场所，设立专门账簿记载保险代理业务、经纪业务的收支情况。

第一百二十四条　保险代理机构、保险经纪人应当按照国务院保险监督管理机构的规定缴存保证金或者投保职业责任保险。未经保险监督管理机构批准，保险代理机构、保险经纪人不得动用保证金。

第一百二十五条　个人保险代理人在代为办理人寿保险业务时，不得同时接受两个以上保险人的委托。

第一百二十六条　保险人委托保险代理人代为办理保险业务，应当与保险代理人签订委托代理协议，依法约定双方的权利和义务。

第一百二十七条　保险代理人根据保险人的授权代为办理保险业务的行为，由保险人承担责任。

保险代理人没有代理权、超越代理权或者代理权终止后以保险人名义订立合同，使投保人有理由相信其有代理权的，该代理行为有效。保险人可以依法追究越权的保险代理人的责任。

第一百二十八条　保险经纪人因过错给投保人、被保险人造成损失的，依法承担赔偿责任。

第一百二十九条　保险活动当事人可以委托保险公估机构等依法设立的独立评估机构或者具有相关专业知识的人员，对保险事故进行评估和鉴定。

接受委托对保险事故进行评估和鉴定的机构和人员，应当依法、独立、客观、公正地进行评估和鉴定，任何单位和个人不得干涉。

前款规定的机构和人员，因故意或者过失给保险人或者被保险人造成损失的，依法承担赔偿责任。

第一百三十条　保险佣金只限于向具有合法资格的保险代理人、保险经纪人支付，不得向其他人支付。

第一百三十一条　保险代理人、保险经纪人及其从业人员在办理保险业务活动中不得有下列行为：

（一）欺骗保险人、投保人、被保险人或者受益人；

（二）隐瞒与保险合同有关的重要情况；

（三）阻碍投保人履行本法规定的如实告知义务，或者诱导其不履行本法规定的如实告知义务；

（四）给予或者承诺给予投保人、被保险人或者受益人保险合同约定以外的利益；

（五）利用行政权力、职务或者职业便利以及其他不正当手段强迫、引诱或者限制投保人订立保险合同；

（六）伪造、擅自变更保险合同，或者为保险合同当事人提供虚假证明材料；

（七）挪用、截留、侵占保险费或者保险金；

（八）利用业务便利为其他机构或者个人牟取不正当利益；

（九）串通投保人、被保险人或者受益人，骗取保险金；

（十）泄露在业务活动中知悉的保险人、投保人、被保险人的商业秘密。

第一百三十二条　保险专业代理机构、保险经纪人分立、合并、变更组织形式、设立分支机构或者解散的，应当经保险监督管理机构批准。

第一百三十三条　本法第八十六条第一款、第一百一十三条的规定，适用于保险代理机构和保险经纪人。

## 第六章　保险业监督管理

第一百三十四条　保险监督管理机构依照本法和国务院规定的职责，遵循依法、公开、公正的原则，对保险业实施监督管理，维护保险市场秩序，保护投保人、被保险人和受益人的合法权益。

第一百三十五条　国务院保险监督管理机构依照法律、行政法规制定并发布有关保险业监督管理的规章。

第一百三十六条　关系社会公众利益的保险险种、依法实行强制保险的险种和新开发的人寿保险险种等的保险条款和保险费率，应当报国务院保险监督管理机构批准。国务院保险监督管理机构审批时，应当遵循保护社会公众利益和防止不正当竞争的原则。其他保险险种的保险条款和保险费率，应当报保险监督管理机构备案。

保险条款和保险费率审批、备案的具体办法，由国务院保险监督管理机构依照前款规定制定。

第一百三十七条　保险公司使用的保险条款和保险费率违反法律、行政法规或者国务院保险监督管理机构的有关规定的，由保险监督管理机构责令停止使用，限期修改；情节严重的，可以在一定期限内禁止申报新的保险条款和保险费率。

第一百三十八条　国务院保险监督管理机构应当建立健全保险公司偿付能力监管体系，对保险公司的偿付能力实施监控。

第一百三十九条　对偿付能力不足的保险公司，国务院保险监督管理机构应当将其列为重点监管对象，并可以根据具体情况采取下列措施：

（一）责令增加资本金、办理再保险；

（二）限制业务范围；

（三）限制向股东分红；

（四）限制固定资产购置或者经营费用规模；

（五）限制资金运用的形式、比例；

（六）限制增设分支机构；

（七）责令拍卖不良资产、转让保险业务；

（八）限制董事、监事、高级管理人员的薪酬水平；

（九）限制商业性广告；

（十）责令停止接受新业务。

第一百四十条　保险公司未依照本法规定提取或者结转各项责任准备金，或者未依照本法规定办理再保险，或者严重违反本法关于资金运用的规定的，由保险监督管理机构责令限期改正，并可以责令调整负责人及有关管理人员。

第一百四十一条　保险监督管理机构依照本法第一百四十条的规

定作出限期改正的决定后，保险公司逾期未改正的，国务院保险监督管理机构可以决定选派保险专业人员和指定该保险公司的有关人员组成整顿组，对公司进行整顿。

整顿决定应当载明被整顿公司的名称、整顿理由、整顿组成员和整顿期限，并予以公告。

第一百四十二条　整顿组有权监督被整顿保险公司的日常业务。被整顿公司的负责人及有关管理人员应当在整顿组的监督下行使职权。

第一百四十三条　整顿过程中，被整顿保险公司的原有业务继续进行。但是，国务院保险监督管理机构可以责令被整顿公司停止部分原有业务、停止接受新业务，调整资金运用。

第一百四十四条　被整顿保险公司经整顿已纠正其违反本法规定的行为，恢复正常经营状况的，由整顿组提出报告，经国务院保险监督管理机构批准，结束整顿，并由国务院保险监督管理机构予以公告。

第一百四十五条　保险公司有下列情形之一的，国务院保险监督管理机构可以对其实行接管：

（一）公司的偿付能力严重不足的；

（二）违反本法规定，损害社会公共利益，可能严重危及或者已经严重危及公司的偿付能力的。

被接管的保险公司的债权债务关系不因接管而变化。

第一百四十六条　接管组的组成和接管的实施办法，由国务院保险监督管理机构决定，并予以公告。

第一百四十七条　接管期限届满，国务院保险监督管理机构可以决定延长接管期限，但接管期限最长不得超过二年。

第一百四十八条　接管期限届满，被接管的保险公司已恢复正常经营能力的，由国务院保险监督管理机构决定终止接管，并予以公告。

第一百四十九条　被整顿、被接管的保险公司有《中华人民共和国企业破产法》第二条规定情形的，国务院保险监督管理机构可以依法向人民法院申请对该保险公司进行重整或者破产清算。

第一百五十条　保险公司因违法经营被依法吊销经营保险业务许可证的，或者偿付能力低于国务院保险监督管理机构规定标准，不予撤销将严重危害保险市场秩序、损害公共利益的，由国务院保险监督管理机构予以撤销并公告，依法及时组织清算组进行清算。

第一百五十一条　国务院保险监督管理机构有权要求保险公司股东、实际控制人在指定的期限内提供有关信息和资料。

第一百五十二条　保险公司的股东利用关联交易严重损害公司利益，危及公司偿付能力的，由国务院保险监督管理机构责令改正。在按照要求改正前，国务院保险监督管理机构可以限制其股东权利；拒不改正的，可以责令其转让所持的保险公司股权。

第一百五十三条　保险监督管理机构根据履行监督管理职责的需要，可以与保险公司董事、监事和高级管理人员进行监督管理谈话，要求其就公司的业务活动和风险管理的重大事项作出说明。

第一百五十四条　保险公司在整顿、接管、撤销清算期间，或者出现重大风险时，国务院保险监督管理机构可以对该公司直接负责的董事、监事、高级管理人员和其他直接责任人员采取以下措施：

（一）通知出境管理机关依法阻止其出境；

（二）申请司法机关禁止其转移、转让或者以其他方式处分财产，或者在财产上设定其他权利。

第一百五十五条　保险监督管理机构依法履行职责，可以采取下列措施：

（一）对保险公司、保险代理人、保险经纪人、保险资产管理公司、外国保险机构的代表机构进行现场检查；

（二）进入涉嫌违法行为发生场所调查取证；

（三）询问当事人及与被调查事件有关的单位和个人，要求其对与被调查事件有关的事项作出说明；

（四）查阅、复制与被调查事件有关的财产权登记等资料；

（五）查阅、复制保险公司、保险代理人、保险经纪人、保险资产管理公司、外国保险机构的代表机构以及与被调查事件有关的单位和个人的财务会计资料及其他相关文件和资料，对可能被转移、隐匿或者毁损的文件和资料予以封存；

（六）查询涉嫌违法经营的保险公司、保险代理人、保险经纪人、保险资产管理公司、外国保险机构的代表机构以及与涉嫌违法事项有关的单位和个人的银行账户；

（七）对有证据证明已经或者可能转移、隐匿违法资金等涉案财产或者隐匿、伪造、毁损重要证据的，经保险监督管理机构主要负责人批准，申请人民法院予以冻结或者查封。

保险监督管理机构采取前款第（一）项、第（二）项、第（五）项措施的，应当经保险监督管理机构负责人批准；采取第（六）项措施的，应当经国务院保险监督管理机构负责人批准。

保险监督管理机构依法进行监督检查或者调查，其监督检查、调查的人员不得少于二人，并应当出示合法证件和监督检查、调查通知书；监督检查、调查的人员少于二人或者未出示合法证件和监督检查、调查通知书的，被检查、调查的单位和个人有权拒绝。

第一百五十六条　保险监督管理机构依法履行职责，被检查、调查的单位和个人应当配合。

第一百五十七条　保险监督管理机构工作人员应当忠于职守，依法办事，公正廉洁，不得利用职务便利牟取不正当利益，不得泄露所知悉的有关单位和个人的商业秘密。

第一百五十八条　国务院保险监督管理机构应当与中国人民银行、国务院其他金融监督管理机构建立监督管理信息共享机制。

保险监督管理机构依法履行职责，进行监督检查、调查时，有关部门应当予以配合。

## 第七章　法律责任

第一百五十九条　违反本法规定，擅自设立保险公司、保险资产管理公司或者非法经营商业保险业务的，由保险监督管理机构予以取缔，没收违法所得，并处违法所得一倍以上五倍以下的罚款；没有违法所得或者违法所得不足二十万元的，处二十万元以上一百万元以下的罚款。

第一百六十条　违反本法规定，擅自设立保险专业代理机构、保险经纪人，或者未取得经营保险代理业务许可证、保险经纪业务许可证从事保险代理业务、保险经纪业务的，由保险监督管理机构予以取缔，没收违法所得，并处违法所得一倍以上五倍以下的罚款；没有违法所得或者违法所得不足五万元的，处五万元以上三十万元以下的罚款。

第一百六十一条　保险公司违反本法规定，超出批准的业务范围经营的，由保险监督管理机构责令限期改正，没收违法所得，并处违法所得一倍以上五倍以下的罚款；没有违法所得或者违法所得不足十万元的，处十万元以上五十万元以下的罚款。逾期不改正或者造成严重后果的，责令停业整顿或者吊销业务许可证。

第一百六十二条　保险公司有本法第一百一十六条规定行为之一的，由保险监督管理机构责令改正，处五万元以上三十万元以下的罚款；情节严重的，限制其业务范围、责令停止接受新业务或者吊销业务许可证。

第一百六十三条　保险公司违反本法第八十四条规定的，由保险监督管理机构责令改正，处一万元以上十万元以下的罚款。

第一百六十四条　保险公司违反本法规定，有下列行为之一的，由保险监督管理机构责令改正，处五万元以上三十万元以下的罚款：

（一）超额承保，情节严重的；

（二）为无民事行为能力人承保以死亡为给付保险金条件的保险的。

第一百六十五条　违反本法规定，有下列行为之一的，由保险监督管理机构责令改正，处五万元以上三十万元以下的罚款；情节严重的，可以限制其业务范围、责令停止接受新业务或者吊销业务许可证：

（一）未按照规定提存保证金或者违反规定动用保证金的；

（二）未按照规定提取或者结转各项责任准备金的；

（三）未按照规定缴纳保险保障基金或者提取公积金的；

（四）未按照规定办理再保险的；

（五）未按照规定运用保险公司资金的；

（六）未经批准设立分支机构或者代表机构的；

（七）未按照规定申请批准保险条款、保险费率的。

第一百六十六条　保险代理机构、保险经纪人有本法第一百三十一条规定行为之一的，由保险监督管理机构责令改正，处五万元以上三十万元以下的罚款；情节严重的，吊销业务许可证。

第一百六十七条　保险代理机构、保险经纪人违反本法规定，有下列行为之一的，由保险监督管理机构责令改正，处二万元以上十万元以下的罚款；情节严重的，责令停业整顿或者吊销业务许可证：

（一）未按照规定缴存保证金或者投保职业责任保险的；

（二）未按照规定设立专门账簿记载业务收支情况的。

第一百六十八条　保险专业代理机构、保险经纪人违反本法规定，未经批准设立分支机构或者变更组织形式的，由保险监督管理机构责令改正，处一万元以上五万元以下的罚款。

第一百六十九条　违反本法规定，聘任不具有任职资格、从业资格的人员的，由保险监督管理机构责令改正，处二万元以上十万元以下的罚款。

第一百七十条　违反本法规定，转让、出租、出借业务许可证的，由保险监督管理机构处一万元以上十万元以下的罚款；情节严重的，责令停业整顿或者吊销业务许可证。

第一百七十一条　违反本法规定，有下列行为之一的，由保险监督管理机构责令限期改正；逾期不改正的，处一万元以上十万元以下的罚款：

（一）未按照规定报送或者保管报告、报表、文件、资料的，或者未按照规定提供有关信息、资料的；

（二）未按照规定报送保险条款、保险费率备案的；

（三）未按照规定披露信息的。

第一百七十二条　违反本法规定，有下列行为之一的，由保险监督管理机构责令改正，处十万元以上五十万元以下的罚款；情节严重的，可以限制其业务范围、责令停止接受新业务或者吊销业务许可证：

（一）编制或者提供虚假的报告、报表、文件、资料的；

（二）拒绝或者妨碍依法监督检查的；

（三）未按照规定使用经批准或者备案的保险条款、保险费率的。

第一百七十三条　保险公司、保险资产管理公司、保险专业代理机构、保险经纪人违反本法规定的，保险监督管理机构除分别依照本法第一百六十一条至第一百七十二条的规定对该单位给予处罚外，对其直接负责的主管人员和其他直接责任人员给予警告，并处一万元以上十万元以下的罚款；情节严重的，撤销任职资格或者从业资格。

第一百七十四条　个人保险代理人违反本法规定的，由保险监督管理机构给予警告，可以并处二万元以下的罚款；情节严重的，处二万元以上十万元以下的罚款，并可以吊销其资格证书。

未取得合法资格的人员从事个人保险代理活动的，由保险监督管理机构给予警告，可以并处二万元以下的罚款；情节严重的，处二万元以上十万元以下的罚款。

第一百七十五条　外国保险机构未经国务院保险监督管理机构批准，擅自在中华人民共和国境内设立代表机构的，由国务院保险监督管理机构予以取缔，处五万元以上三十万元以下的罚款。

外国保险机构在中华人民共和国境内设立的代表机构从事保险经营活动的，由保险监督管理机构责令改正，没收违法所得，并处违法所得一倍以上五倍以下的罚款；没有违法所得或者违法所得不足二十万元的，处二十万元以上一百万元以下的罚款；对其首席代表可以责令撤换；情节严重的，撤销其代表机构。

第一百七十六条　投保人、被保险人或者受益人有下列行为之一，进行保险诈骗活动，尚不构成犯罪的，依法给予行政处罚：

（一）投保人故意虚构保险标的，骗取保险金的；

（二）编造未曾发生的保险事故，或者编造虚假的事故原因或者夸大损失程度，骗取保险金的；

（三）故意造成保险事故，骗取保险金的。

保险事故的鉴定人、评估人、证明人故意提供虚假的证明文件，为投保人、被保险人或者受益人进行保险诈骗提供条件的，依照前款规定给予处罚。

第一百七十七条　违反本法规定，给他人造成损害的，依法承担民事责任。

第一百七十八条　拒绝、阻碍保险监督管理机构及其工作人员依法行使监督检查、调查职权，未使用暴力、威胁方法的，依法给予治安管理处罚。

第一百七十九条　违反法律、行政法规的规定，情节严重的，国务院保险监督管理机构可以禁止有关责任人员一定期限直至终身进入保险业。

第一百八十条　保险监督管理机构从事监督管理工作的人员有下列情形之一的，依法给予处分：

（一）违反规定批准机构的设立的；

（二）违反规定进行保险条款、保险费率审批的；

（三）违反规定进行现场检查的；

（四）违反规定查询账户或者冻结资金的；

（五）泄露其知悉的有关单位和个人的商业秘密的；

（六）违反规定实施行政处罚的；

（七）滥用职权、玩忽职守的其他行为。

第一百八十一条　违反本法规定，构成犯罪的，依法追究刑事责任。

## 第八章　附则

第一百八十二条　保险公司应当加入保险行业协会。保险代理人、保险经纪人、保险公估机构可以加入保险行业协会。

保险行业协会是保险业的自律性组织，是社会团体法人。

第一百八十三条　保险公司以外的其他依法设立的保险组织经营的商业保险业务，适用本法。

第一百八十四条　海上保险适用《中华人民共和国海商法》的有关规定；《中华人民共和国海商法》未规定的，适用本法的有关规定。

第一百八十五条　中外合资保险公司、外资独资保险公司、外国保险公司分公司适用本法规定；法律、行政法规另有规定的，适用其规定。

第一百八十六条　国家支持发展为农业生产服务的保险事业。农业保险由法律、行政法规另行规定。

强制保险，法律、行政法规另有规定的，适用其规定。

第一百八十七条　本法自 2009 年 10 月 1 日起施行。

# 农业保险条例（征求意见稿）

## 第一章 总则

第一条 为了提高农业生产抗风险能力，完善农业支持保护体系，规范农业保险活动，保护农业保险活动当事人的合法权益，维护社会公共利益，促进农业保险事业健康发展，根据《中华人民共和国保险法》和《中华人民共和国农业法》等法律，制定本条例。

第二条 本条例所称农业保险，是指保险公司根据农业保险合同，对被保险人在农业生产过程中因保险标的遭受约定的自然灾害、意外事故、疫病或者疾病等事故所造成的财产损失承担赔偿保险金责任的保险活动。

本条例所称农业，是指种植业、林业、畜牧业和渔业等产业。

第三条 国家支持发展农业保险事业。农业保险实行政府引导、政策支持、市场运作、自主自愿和协同推进的原则。

各省、自治区、直辖市可以探索适合本地区实际的农业保险经营模式。

第四条 国务院建立由国家发改委、国务院民政部门、国务院财税部门、国务院水利部门、国务院农业行政主管部门、国务院林业行政主管部门、国务院气象部门和国务院保险监督管理机构等部门参加的农业保险工作协调机制，指导和协调全国农业保险工作。

国务院民政部门参与组织农业保险防灾减灾、灾后救助等工作。

国务院财税部门研究制定农业保险的财税支持政策，制定农业保险相关财务管理和会计核算等制度。

国务院水利部门、气象部门参与农业风险研究和防灾减灾等工作。

国务院农业、林业行政主管部门研究农业保险的发展需求，参与农业风险研究、防灾减灾等工作。

国务院保险监督管理机构对农业保险业务实施监督管理，参与组织农业风险研究等工作。

第五条　县级以上地方各级人民政府统一领导、组织、协调本行政区域农业保险事业的发展管理工作，建立健全推进农业保险事业发展的工作机制。

县级以上地方各级人民政府依照本条例和国务院规定，确定本级民政、财税、农业、林业等部门的管理职责。各相关部门应当加强沟通、密切配合，按照各自职责分工，依法在本行政区域内做好农业保险的推进管理工作。

地方各级人民政府应当加大对农业保险的宣传力度，提高农业生产经营者的保险意识，组织引导农业生产经营者积极参加农业保险。

第六条　各级人民政府、保险公司、农业生产组织等机构和个人应当依法参与农业保险活动。

本条例所称农业生产组织，是指农村集体经济组织、农民生产专业合作经济组织和其他从事农业生产的组织。

## 第二章　政策支持

第七条　国家对符合条件的农业保险实施财政保费补贴政策，财政保费补贴的具体办法由国务院财政部门制定。

第八条　农业保险依法享受国家税收优惠政策。税收优惠的具体办法由国务院财政、税务主管部门制定。

第九条　鼓励地方各级人民政府采取保费补贴、经营费用补贴和再保险费用补贴等多种形式支持农业保险发展。

第十条　鼓励农业生产组织通过宣传、组织、协助以及提供保费补贴等多种方式参与农业保险活动。

第十一条　国家建立财政支持的农业保险大灾风险分散机制，具体管理办法由国务院财政部门会同有关部门制定。

鼓励各省、自治区、直辖市人民政府因地制宜、探索建立地方财政支持的农业保险大灾风险分散机制。

第十二条　国家建立国土资源、农业气象、农业生产基础信息、防灾减灾等农业保险相关信息的共享机制，加强农业风险基础性研究。

第十三条　地方各级人民政府应当支持保险公司建立适应农业保险业务发展需要的基层服务网络体系。

第十四条　鼓励金融机构对投保农业保险的农业生产组织和个人加大信贷支持力度。

## 第三章　农业保险合同

第十五条　农业保险合同订立时，投保人和被保险人应为同一人。

农业保险合同的被保险人在合同订立时和保险事故发生时，应当对保险标的具有保险利益。

农业保险合同保险标的转让的，保险标的的受让人承继被保险人的权利和义务，被保险人或者受让人应当及时通知保险公司。

第十六条　农业生产组织、村委会等单位，组织农户集体投保农业保险的，保险公司应当在订立农业保险合同时，制定分户投保清单，详细列明投保人的投保信息，并由投保人签字确认。

保险公司依照前款规定订立农业保险合同的，应当采取适当方式对承保情况进行公示。

第十七条　任何单位和个人在农业保险活动中不得利用行政权力、职务或者职业便利以及其他不正当手段强迫、引诱或者限制投保人订立保险合同。

第十八条　在农业保险合同的有效期内，合同当事人不得因保险标的危险程度发生变化增加或者减少保险费，也不得解除农业保险合同。

第十九条　保险公司可以采取抽样方式核定保险标的损失程度。采取的抽样方式应当符合农业技术部门的规定要求和标准。

需要采取其他特殊方式核定损失的，应当在保险合同中约定。

第二十条　国家法律法规对农业保险受损标的处理有明确规定的，应当依法进行处理。在理赔时，应当取得受损标的处理的证据或者其他证明材料。

保险公司不得主张受损保险标的残余物价值，保险合同另有约定的除外。

第二十一条　保险公司应当在与被保险人达成赔偿协议后十日内，将农业保险赔款支付给被保险人。农业保险合同对赔偿保险金的期限有约定的，保险公司应当按照约定履行赔偿保险金义务。

组织农户集体投保的，理赔清单应当由被保险人签字确认，并采取适当方式予以公示。

第二十二条　任何单位和个人不得非法干预保险公司赔偿农业保险赔款的义务，也不得限制被保险人取得农业保险赔款的权利。

## 第四章　业务规则

第二十三条　保险公司经营农业保险业务，应当经国务院保险监督管理机构批准。未经批准，任何单位或者个人不得从事农业保险业务。

保险公司经营农业保险业务管理办法由国务院保险监督管理机构制定。

第二十四条　保险公司经营农业保险业务，实行自主经营、自负盈亏的原则。

保险公司经营农业保险业务，应当与其他保险业务分开管理，单独核算损益。

第二十五条　保险公司应当公平、合理拟订农业保险条款和保险费率，不得损害投保人、被保险人的合法权益。

农业保险条款和保险费率应当依法报国务院保险监督管理机构审批或者备案。

任何单位和个人不得非法干预农业保险条款和保险费率的制定。

第二十六条　保险公司经营农业保险业务，准备金评估和偿付能力报告编制需要采取特殊原则和方法的，应当符合国务院保险监督管理机构的规定。

农业保险业务的财务管理和会计核算，需要采取特殊原则和方法的，由国务院财政部门制定具体办法。

第二十七条　保险公司可以委托农经、农技、农机等乡镇级以及乡镇级以下基层涉农机构协助办理农业保险业务。

保险公司应当与协助办理农业保险业务的基层涉农机构签订书面合同，明确双方权利义务，并在合同中约定相关费用的支付。

保险公司应当加强对协助办理农业保险业务的基层涉农机构的业务指导，制定合法、科学、有效的业务管理制度。

第二十八条　农业保险查勘定损的原始资料是理赔案卷的必要材料，保险公司应当妥善保存。

严禁任何单位和个人涂改、伪造、隐匿或者非法销毁查勘定损的原始资料。

第二十九条　任何单位和个人不得挪用、截留、侵占农业保险赔款。

第三十条　禁止以下列方式骗取农业保险的财政保费补贴：

（一）虚构或者虚增保险标的或者以同一保险标的进行多次投保的；

（二）以虚假理赔套取的资金或者截留、挪用保险金冲销投保人应缴保费或者有关财政保费补贴的；

（三）以虚构中介业务、虚列费用等方式获取的资金或者挪用正常经营费用冲销投保人应缴保费或者有关财政保费补贴的；

（四）以虚假退保等方式套取的资金冲销投保人应缴保费或者有关财政保费补贴的；

（五）以其他方式骗取财政保费补贴的。

## 第五章　罚则

第三十一条　保险公司未经批准经营农业保险业务的，由保险监督管理机构责令改正，没收违法所得，并处违法所得1倍以上5倍以下罚款；没有违法所得或者违法所得不足10万元的，处10万元以上

50万元以下罚款；逾期不改正或者造成严重后果的，责令停业整顿或者吊销经营保险业务许可证。

第三十二条　保险公司以外的其他组织和个人未经保险监督管理机构批准，非法从事农业保险业务的，由保险监督管理机构予以取缔，没收违法所得，并处违法所得1倍以上5倍以下罚款；没有违法所得或者违法所得不足20万元的，处20万元以上100万元以下的罚款。

第三十三条　保险公司经营农业保险业务，有下列行为之一的，由保险监督管理机构责令改正，予以警告，并处10万元以上50万元以下的罚款；情节严重的，可以限制业务范围、责令停止接受新业务或者吊销经营保险业务许可证：

（一）编制或者提供虚假的报告、报表、文件和资料的；

（二）拒绝或者妨碍依法监督检查的。

第三十四条　保险公司经营农业保险业务，违反本条例规定，有下列行为之一的，由保险监督管理机构责令改正，区别不同情况予以警告，并处5万元以上30万元以下罚款；情节严重的，可以限制业务范围、责令停止接受新业务或者吊销经营保险业务许可证：

（一）未按照规定对农业保险业务分开管理，单独核算损益的；

（二）利用开展农业保险业务为其他机构或者个人牟取不正当利益的；

（三）未按照规定申请批准或者备案农业保险条款和保险费率的。

第三十五条　保险公司违反本条例第二十九条规定的，由保险监督管理机构责令改正，处1万元以上10万元以下的罚款。

第三十六条　保险公司违反本条例规定，保险监督管理机构除依照本条例的规定对该公司给予处罚外，对其直接负责的主管人员和其他直接责任人员给予警告，并处2万元以上10万元以下的罚款；情节严重的，撤销任职资格或者从业资格。

第三十七条　违反本条例第三十条规定，通过各种方式骗取财政保费补贴的，由财政部门依法处罚。

第三十八条　保险公司以外的其他组织和个人参与农业保险活动，有违反本条例规定的其他违法行为的，由相关部门依据有关规定责令整改和处罚。

第三十九条　违反本条例规定，构成犯罪的，依法追究刑事责任。

## 第六章　附则

第四十条　保险公司经营涉农保险业务，参照适用本条例。

涉农保险是指除农业保险以外，国家给予政策支持、为农民提供保险保障的保险，包括农房、农机具等财产保险，涉及农民的生命和身体等方面的短期意外伤害保险和短期健康保险。

第四十一条　国务院保险监督管理机构批准设立的其他保险组织，经营农业保险业务，适用本条例。

本条例施行前，已经营农业保险业务的保险公司以外的其他保险组织，自本条例施行之日起 2 年内，符合国务院保险监督管理机构规定条件的，可继续经营农业保险业务。

第四十二条　经营农业保险业务，本条例未作规定的，对农业保险合同的规范，参照适用《中华人民共和国保险法》中保险合同的有关规定，对农业保险业务的监督管理，适用《中华人民共和国保险法》。

第四十三条　本条例自 年 月 日起施行。①

① 编者注：本条例征求意见并修改定稿后，本条将列明实际施行日期，目前暂为空。

# 主要参考文献


刘子操、刘波:《保险学概论》,北京,中国金融出版社,2012。

刘晓华、张璐:《怎样同金融机构打交道》,大连,东北财经大学出版社,2011。

魏丽、李朝锋:《保险学》,大连,东北财经大学出版社,2011。

许谨良:《财产保险原理和实务》,上海,上海财经大学出版社,2010。

信丽媛:《惠农小额信贷:农民致富加油站》,天津,天津科技翻译出版公司,2010。

赵曼:《新型农村社会养老保险政策问答》,北京,中国劳动社会保障出版社,2010。

周道许:《中国保险业和保险监管》,北京,中国金融出版社,2010。

冯芳怡:《保险法案例教程》,北京,中国金融出版社,2009。

何广文等:《农村金融知识读本》,北京,中国农业大学出版社,2009。

张慧霞:《社会保险制度解读与操作实务》,北京,清华大学出版社,2009。

龙文军等:《农业保险简明知识读本》,北京,中国农业出版社,2008。

张洪涛、王国良:《保险核保与理赔》,北京,中国人民大学出版社,2006。

魏迎宁:《中国人身保险精算制度》,北京,中国财政经济出版社,2007。

夏伟民:《百姓金融知识读本》,北京,中国金融出版社,2004。